W0064949

Eine Arbeitsgemeinschaft der Verlage

Böhlau Verlag · Wien · Köln · Weimar
Verlag Barbara Budrich · Opladen · Toronto
facultas.wuv · Wien
Wilhelm Fink · Paderborn
A. Francke Verlag · Tübingen
Haupt Verlag · Bern
Verlag Julius Klinkhardt · Bad Heilbrunn
Mohr Siebeck · Tübingen
Nomos Verlagsgesellschaft · Baden-Baden
Ernst Reinhardt Verlag · München · Basel
Ferdinand Schöningh · Paderborn
Eugen Ulmer Verlag · Stuttgart
UVK Verlagsgesellschaft · Konstanz, mit UVK / Lucius · München
Vandenhoeck & Ruprecht · Göttingen · Bristol
vdf Hochschulverlag AG an der ETH Zürich

Monika Hoffmann

Deutsch fürs Jurastudium

In 10 Lektionen zum Erfolg

Ferdinand Schöningh

Die Autorin:
Monika Hoffmann ist promovierte Sprachwissenschaftlerin. Sie unterrichtet Deutsch.

Online-Angebote oder elektronische Ausgaben sind erhältlich unter **www.utb-shop.de**

Bibliografische Information der Deutschen Nationalbibliothek

Die Deutsche Nationalbibliothek verzeichnet diese Publikation in der Deutschen National-
bibliografie; detaillierte bibliografische Daten sind im Internet über
http://dnb.d-nb.de abrufbar.

© 2014 Ferdinand Schöningh, Paderborn
(Verlag Ferdinand Schöningh GmbH & Co. KG, Jühenplatz 1, D-33098 Paderborn)

Internet: www.schoeningh.de

Printed in Germany.
Herstellung: Ferdinand Schöningh, Paderborn
Einbandgestaltung: Atelier Reichert, Stuttgart

UTB-Band-Nr: 4084
ISBN 978-3-8252-4084-4

Inhalt

Lösungsschlüssel im Internet unter
http://www.utb-shop.de/deutsch-furs-jurastudium-2.html

Vorwort

„Das Ergebnis war teils verheerend" – musste ich leider zusammenfassend die bisher erste wissenschaftliche Erhebung kommentieren, die wir in Wismar unter der Leitung eines Linguisten zur Ermittlung der Sprachkompetenz von Jurastudierenden durchgeführt haben. Die Hälfte meiner Erstsemester hat Schwierigkeiten mit dem Konjunktiv, ebenso viele können an dem Satz „ich habe mit Herr Meyer gesprochen" keinen Fehler erkennen. In Hausarbeiten und Klausuren lese ich fast ausschließlich „entgegen *des*" – und den Unterschied zwischen *scheinbar* und *anscheinend* können gerade noch 10 % der Studierenden erläutern.

Auffällig ist, dass sich diese mangelnde Sprachkompetenz quer durch alle Leistungsstufen erstreckt. Auch eine erhebliche Zahl derjenigen, die ich der jeweiligen Jahrgangsspitze zurechne, scheint irgendwo zwischen 9. Klasse und Abitur das Deklinieren verlernt zu haben. Dies deckt sich mit Rückmeldungen aus der juristischen Praxis. Von High-End-Kanzleien höre ich, dass die Schriftsätze der Berufseinsteiger erst nach ca. einem Jahr hausinternen Trainings den anerkannten Regeln der deutschen Sprache entsprechen.

Wie sieht es bei Ihnen aus? Falls bei Ihnen in einer Klausur Unsicherheit im Schriftdeutsch auf Unsicherheit bei der Verwendung des Gutachtenstils und auf Unsicherheit beim Umgang mit dem materiellen Recht trifft, haben Sie mindestens ein Zeitproblem – und das ist nicht gut. Statt endlos an Formulierungen zu feilen, sollte Ihnen genügend Zeit bleiben, über die juristischen Probleme der Klausur nachzudenken.

Ich halte im Übrigen diese hier beschriebene mangelnde Sprachkompetenz nicht für ein originäres Sprachproblem. Ich halte sie für die Folge eines oberflächlichen Umgangs mit Texten und Themen, der offensichtlich in der Hauptsache durch die Schule befördert wird. In der Schule waren Sie gehalten, am laufenden Band völlig unverbindliche Meinungen für Noten zu produzieren – ein Referat jagt das nächste. Was Sie nun tatsächlich von den dergestalt abgehandelten Themen halten – warum überzeugt es Sie oder überzeugt es Sie nicht? –, darauf kommt es für die Schulnote nicht an. Nur mit einer solchen Haltung einem Text gegenüber kann ich mir ansatzweise erklären, warum es so viele Studierende gar nicht zu stören scheint, wenn sie ein Urteil oder einen Aufsatz zwar lesen und zitieren, aber nicht verstehen.

Allein, das ist für den Studienerfolg tödlich. Rechtswissenschaft ist diejenige Disziplin, bei der die genaue Kenntnis und Auseinandersetzung mit der Materie maßgeblich mit darüber entscheidet, ob Sie später zu der gewünschten Work-Life-Balance finden: Schreiben Sie das Gutachten oder den Schriftsatz innerhalb von zwei Stunden oder von zwei Tagen?

Für alle Anforderungen Ihres Fachs muss die Sprache Ihr Zuhause sein: für die korrekte und zügig gefundene Formulierung in der Klausur! Für die Auseinandersetzung mit dem Schrifttum: Die eigene Ernsthaftigkeit der Wortwahl gegenüber lässt Sie bemerken, dass Ihnen ein Absatz in einem Aufsatz unverständlich ist (vielleicht steht da tatsächlich Unsinn?)! Und selbstverständlich können Sie auch nur dann das Ergebnis Ihrer Rechtsfindung präzise und überzeugend zu Papier bringen: wenn die Sprache Ihr Zuhause ist.

Ich freue mich sehr, dass mit diesem Buch nun ein Trainingsprogramm verfügbar ist, welches Sie auf dem Weg zu einer treffenden und regelgerechten Ausdrucksweise optimal unterstützt. Da Sie diese Zeilen lesen, gehören Sie zu den guten Jurastudierenden. Sie haben den schlichten Trick eines Studiums verstanden: Was man nicht kann, kann man lernen. Das gilt auch für die Beherrschung der deutschen Sprache.

Prof. Dr. iur. Jantina Nord, Hochschule Wismar
Zivilrecht, Arbeitsrecht, Methodenlehre
Leiterin des Arbeitskreises „Sprache in der Juristenausbildung"

Wozu *Deutsch fürs Jurastudium* gut ist

Deutsch fürs Jurastudium ist ein Sprachkurs speziell für die juristische Ausbildung. Der Kurs umfasst Grammatik, Rechtschreibung, Zeichensetzung und Stil. Die Erklärungen sind allgemein verständlich und auf das Nützliche beschränkt; der Schwerpunkt liegt auf den Übungen. Ob ein solcher Kurs für Sie sinnvoll ist, das können Sie leicht feststellen, indem Sie die folgenden Fragen beantworten:

- Brauchen Sie beim Schreiben mehr Zeit wegen sprachlicher Unsicherheiten?
- Sind in Ihren Klausuren und Hausarbeiten viele sprachliche Fehler markiert?
- Unterscheidet sich das, was Sie sagen, öfter mal von dem, was Sie meinen?
- Bekommen Sie negative Rückmeldungen zur Verständlichkeit?

Je häufiger Sie mit „Ja" antworten, desto dringender sollten Sie etwas für Ihre Sprachkompetenz tun. Mit *Deutsch fürs Jurastudium* sind Sie dabei in jeder Hinsicht selbstständig: Sie können Ihre eigenen Bedürfnisse bedienen, innerhalb Ihres individuellen Zeitplans arbeiten und Ihren Lernerfolg selbst kontrollieren. So können Sie zügig, effektiv und nachhaltig Ihr Schriftdeutsch verbessern.

Zur Intention von *Deutsch fürs Jurastudium*: Es handelt sich um ein *Sprachbuch*, nicht um ein juristisches Übungsbuch. Entsprechend können Sie hier Ihre sprachlichen Grundlagen erweitern und festigen, aber keine juristischen Fälle lösen und auch nicht Ihre juristischen Kenntnisse erweitern. Trotzdem wird die fachliche Seite hinreichend mit bedient: Denn mit der sprachlichen Sicherheit erwerben Sie eine Schlüsselkompetenz, die Ihnen die juristische Arbeit – sowohl im Studium als auch später im Beruf – deutlich erleichtern wird.

Zur Arbeit mit *Deutsch fürs Jurastudium*: Am besten betrachten Sie das Buch als Kurs mit Anwesenheitspflicht. Richten Sie sich für jede Einheit eine Zeit ein, in der Sie sich ohne Ablenkung auf den Stoff konzentrieren können. Wenn Ihnen ein Thema besonders komplex erscheint, legen Sie einen Teil der Übungen in eine zusätzliche Übungsstunde.

Die einzelnen Lektionen sind folgendermaßen aufgebaut: Zunächst wird der Inhalt erklärt und exemplarisch vorgeführt. Dabei werden Sie

eine gute Portion Grammatik in Kauf nehmen müssen, auch wenn Sie
deren Nutzwert nicht auf Anhieb erkennen. Grammatik bildet nun
einmal die Grundlage des sprachlichen Verständnisses. Nehmen Sie
als Beispiel die indirekte Rede: Die kriegen Sie nur dann richtig hin,
wenn Sie wissen, wie der Konjunktiv funktioniert. Also brauchen Sie
grammatische Kenntnisse über das Verb. Achten Sie darauf, dass Sie
die Erklärungen auch wirklich verstehen. Das ist wichtig. Sie können
Ihr Verständnis testen, indem Sie den Inhalt mit eigenen Worten darstellen. Sie würden also – zumindest fiktiv – jemand anderem erklären,
wie man eine Aussage in indirekter Rede wiedergibt. Wenn Ihnen das
gelingt, gehen Sie weiter zu den Übungen.

Die Übungen beginnen mit eigens auf das Thema hin entworfenen
Übungssätzen. Diese erfüllen eine dreifache Funktion: Sie zeigen das
Thema von möglichst vielen Seiten, sie decken die gängigsten Fallen
auf, und sie fördern das Verständnis, indem sie in ähnlichen Konstruktionen wesentliche Unterschiede herausstellen. Einige Kapitel,
wie zum Beispiel die zum Satzbau, enthalten auch kreative Übungen,
in denen Sie selbst Texte entwerfen. Dabei soll Ihnen erstens das
gedankliche Herantasten an eine Lösung zur Gewohnheit werden;
zweitens sollen Sie ein Gespür dafür entwickeln, wie unterschiedliche Versionen ankommen. Zum Schluss folgen Übungen anhand
juristischer Texte. Den besten Lernerfolg erzielen Sie, wenn Sie *alle*
Übungen absolvieren. Die Ergebnisse können Sie anhand des Lö-
sungsschlüssels kontrollieren. Den finden Sie im Internet unter http://
www.utb-shop.de/deutsch-furs-jurastudium-2.html

Damit Sie sich weiter hinten im Buch nicht wundern, beachten Sie
bitte zwei Hinweise zum Prozedere. Erstens: Die juristischen Übungssätze stammen fast ausschließlich aus veröffentlichten Dokumenten,
so etwa aus gerichtlichen Entscheidungen. Teils sind sie zu Übungszwecken leicht verändert, teils wörtlich übernommen. Trotzdem gibt
es keine Fußnoten mit Nachweisen. Die würden allzu sehr von der
sprachlichen Seite ablenken und damit den Übungswert herabsetzen.
Doch gerade um den geht es ja; die Fälle als solche dagegen spielen
überhaupt keine Rolle. Deshalb ist das zugrunde liegende Material
gesondert in einem Quellenverzeichnis erfasst.

Zweitens: Bei Personenbezeichnungen steht in der Regel nur die
männliche Form, auch wenn beide Geschlechter gemeint sind. Das
hat praktische Gründe: Eine Doppelung der Formen würde den Text
unnötig komplizieren. Die männliche Form erhält den Vorzug, weil
sie kürzer ist als die weibliche. Damit ist alles möglichst einfach
gehalten, und das dürfte Ihnen das Lernen erleichtern.

Zu guter Letzt: Wenn Sie das Buch durchgearbeitet haben, nutzen Sie, sooft es geht, Ihr eigenes Schreiben zum Üben. Halten Sie inne und fragen Sie sich selbst ab. *Wie war das mit der indirekten Rede? Was genau wollte ich beim Satzbau beachten?* So bewahren Sie Ihre Aufmerksamkeit für die sprachliche Gestaltung. Dadurch geht Ihnen mit der Zeit – vielleicht ohne dass Sie es merken – ein gutes Deutsch immer leichter von der Hand. Sie werden sicherer, Ihr Stil wird flüssiger, und Ihre Texte werden verständlicher. Dann hat sich der Einsatz gelohnt.

Monika Hoffmann

.

Erste Lektion
Textwiedergabe: Indirekte Rede bilden

Diese Lektion handelt von der indirekten Rede und damit unweiger-
lich vom Konjunktiv, von der Möglichkeitsform des Verbs. Sie lernen,
wie die beiden Formen des Konjunktivs gebildet werden und nach
welcher Regel sie in der indirekten Rede eingesetzt werden. Sie er-
fahren, wann die Umschreibung mit würde *angesagt ist. Und Sie*
können sich bewusst machen, wie sich der Konjunktiv zu den Zeit-
formen verhält.

Nutzwert

Die indirekte Rede ist ein Mittel, um zuverlässig über Äußerungen zu berichten, die an anderer Stelle schriftlich oder mündlich hervorgebracht wurden. Sie erlaubt es Ihnen, sauber zu unterscheiden, was von Ihnen stammt und was aus anderer Quelle kommt. Diese Unterscheidung ist essenziell sowohl fürs wissenschaftliche als auch fürs juristische Arbeiten. Deshalb gehört die indirekte Rede mit in Ihre handwerkliche Grundausstattung.

Indirekte vs. direkte Rede

Die indirekte Rede ist das Gegenstück zur direkten oder wörtlichen Rede, und so können Sie sie auch am besten verstehen. In der direkten Rede wird eine Äußerung wörtlich angeführt; der ursprüngliche Wortlaut wird *nicht* verändert. So handhaben Sie auch Ihre wörtlichen Zitate. Die angeführte Rede steht in Anführungszeichen, und ein Begleitsatz nennt ihren Urheber. Dazu ein Beispiel:

> Der Mann sagt: „Der Hund gehört mir. Da lasse ich mir nicht in die Erziehung reinreden. Ich erziehe den Hund, wie ich will. Und wenn dazu Schläge nötig sind, dann kriegt er eben Schläge."

In der indirekten Rede wird die Äußerung durch eine berichtende Person übermittelt. Die Wiedergabe erfolgt also nicht wörtlich, sondern indirekt. Sie hält sich eng an den ursprünglichen Wortlaut und trifft auf jeden Fall dessen Sinn. Personalpronomen, Orts- und Zeitangaben werden auf den Standpunkt der berichtenden Person ausgerichtet. Indirekte Rede steht im Konjunktiv. Damit sieht das Beispiel von oben so aus:

> Der Mann sagt, der Hund gehöre ihm. Da lasse er sich nicht in die Erziehung reinreden. Er erziehe den Hund, wie er wolle. Und wenn dazu Schläge nötig seien, dann kriege er eben Schläge.

Aus der direkten Ich-Aussage des Mannes im ersten Text ist jetzt ein Bericht über die Aussage des Mannes geworden. Die durchgängige Verwendung des Konjunktivs (grau hinterlegt) macht deutlich, dass der gesamte Passus dem Mann zuzuordnen ist und nicht nur der erste abhängige Satz. Genau darin besteht die Leistung des Konjunktivs: Er erlaubt es Ihnen, über längere Strecken Aussagen wiederzugeben, ohne dass je der Bezug zur anfangs genannten Quelle verloren geht. Das setzt allerdings voraus, dass Sie den Konjunktiv richtig setzen.

Der Konjunktiv (die Möglichkeitsform) steht im Kontrast zum Indikativ (zu der Wirklichkeitsform). Der Indikativ ist die Normalform. Die verwenden Sie – wahrscheinlich ohne sie groß zu beachten –, um zu sagen, was Sache ist. So entspricht es auch der Funktion des Indikativs: Er zeigt an, was ist. Der Konjunktiv dagegen zeigt an, was sein könnte. Er rückt ein Geschehen in den Bereich des Unwirklichen, des Möglichen, des Behaupteten. In der indirekten Rede geht es um das Behauptete.

Konjunktiv I und Konjunktiv II

Der Konjunktiv kommt in zwei Formen vor: als Konjunktiv I und als Konjunktiv II. Für die indirekte Rede brauchen Sie beide Formen und immer auch den Bezug zum Indikativ.

Der Konjunktiv I wird aus der 1. Stammform des Verbs gebildet. Das ist die 1. Person Singular Indikativ Präsens, die Ich-Form der Gegenwart: *ich gehöre, ich lasse, ich erziehe.* Der Konjunktiv II wird aus der 2. Stammform gebildet. Das ist die 1. Person Singular Indikativ Präteritum, die Ich-Form der Vergangenheit: *ich gehörte, ich ließ, ich erzog.* So ergeben sich für die genannten Verben die Formen, die Sie in der Tabelle unten sehen. In den weißen Feldern links stehen die Formen des Indikativs, in den grauen Feldern rechts davon die entsprechenden Formen des Konjunktivs.

Konjunktiv I	Ind.	Konj.	Ind.	Konj.	Ind.	Konj.
ich	gehöre	*gehöre*	lasse	*lasse*	erziehe	*erziehe*
du	gehörst	gehörest	lässt	lassest	erziehst	erziehest
er sie es	gehört	gehöre	lässt	lasse	erzieht	erziehe
wir	gehören	*gehören*	lassen	*lassen*	erziehen	*erziehen*
ihr	gehört	gehöret	lasst	lasset	erzieht	erziehet
sie	gehören	*gehören*	lassen	*lassen*	erziehen	*erziehen*

Konjunktiv II	Ind.	Konj.	Ind.	Konj.	Ind.	Konj.
ich	gehörte	gehörte	ließ	ließe	erzog	erzöge
du	gehörtest	gehörtest	ließest	ließest	erzogst	erzögest
er sie es	gehörte	gehörte	ließ	ließe	erzog	erzöge
wir	gehörten	gehörten	ließen	ließen	erzogen	erzögen
ihr	gehörtet	gehörtet	ließt	ließet	erzogt	erzöget
sie	gehörten	gehörten	ließen	ließen	erzogen	erzögen

Wenn Sie sich die Formen des Konjunktivs I genau ansehen, werden Sie feststellen, dass sie in manchen Fällen genauso aussehen wie die Formen des Indikativs. Das ist so bei der 1. Person Singular (ich), bei der 1. Person Plural (wir) und bei der 3. Person Plural (sie). Der Deutlichkeit halber sind diese Formen kursiv gesetzt. Ihnen kommt eine besondere Bedeutung zu bei der Grundregel für die indirekte Rede.

Die Grundregel besagt Folgendes: Die indirekte Rede steht im Konjunktiv I, wenn die benötigte Form sich von der entsprechenden Form des Indikativs unterscheidet (Indikativ: *er hat* → Konjunktiv I: *er habe* → indirekte Rede im Konjunktiv I). Wenn jedoch die Form des Konjunktivs I so aussieht wie die entsprechende Form des Indikativs, dann steht der Konjunktiv II (Indikativ: *ich habe* → Konjunktiv I: *ich habe* → indirekte Rede im Konjunktiv II: *ich hätte*).

*Die indirekte Rede steht im Konjunktiv I, wenn die benötigte Form
eindeutig ist. Sonst steht sie im Konjunktiv II.*

Die Regel an sich ist nicht schwierig, aber sie verlangt einen ständigen
Abgleich der Formen. Achten Sie also darauf, mit welcher grammatischen Person Sie es zu tun haben, und fragen Sie nach der Eindeutigkeit der entsprechenden Konjunktiv-I-Form. Dann dürfte sich in
Ihrem Kopf in etwa Folgendes abspielen:

Ausgangssatz	Konjunktiv I	Konjunktiv II
Der Mann sagt: „Der Hund gehört mir."	*Er sagt, der Hund gehöre ihm.* **Diese Form (3. Person Singular) ist eindeutig.**	**Deshalb ist der Konjunktiv II nicht nötig.**
Der Mann sagt: „Die Hunde gehören mir."	*Er sagt, die Hunde gehören ihm.* **Diese Form (3. Person Plural) sieht aus wie der Indikativ.**	**Deshalb muss der Konjunktiv II stehen:** *Er sagt, die Hunde gehörten ihm.*

Das Hin- und Herspringen zwischen den Formen erübrigt sich, wenn
bereits im Ausgangstext der Konjunktiv II steht. Das ist etwa in irrealen Bedingungssätzen der Fall. In der indirekten Rede steht dann
ebenfalls der Konjunktiv II. Dazu ein Beispiel:

Direkte Rede	Indirekte Rede
Der Mann sagt: „Wenn der Hund nicht so nervig gebellt hätte, hätte ich ihn nicht geschlagen."	Er sagt, wenn der Hund nicht so nervig gebellt hätte, hätte er ihn nicht geschlagen.

Umschreibung mit *würde*

Wenn Sie die Grundregel mit ihrem Kriterium der Eindeutigkeit konsequent fortführen, könnten Sie einwenden, dass die Konjunktiv-II-Formen ja auch nicht alle eindeutig sind. Bei einem schwachen Verb
wie „gehören" etwa ist der Konjunktiv II überhaupt nicht vom Indi-

kativ Präteritum zu unterscheiden. Wie wird mit dieser Formengleichheit verfahren?

In der Regel reichen beim Konjunktiv II die nicht eindeutigen Formen aus, um die indirekte Rede zu markieren; die Eindeutigkeit ergibt sich aus dem Zusammenhang. Sollten Sie aber Bedenken haben, dass die indirekte Rede nicht mehr als solche zu erkennen ist, dann können Sie auf ein Mittel zur Verdeutlichung zurückgreifen: auf die Umschreibung mit *würde* + Infinitiv.

> Der Mann sagt, die Hunde gehörten ihm. Sie <u>würden</u> viel zu viel <u>bellen</u> [statt: Sie <u>bellten</u> viel zu viel]. Um ihnen Benimm beizubringen, habe er ihnen eins übergebraten.

Die *würde*-Konstruktion können Sie auch dann benutzen, wenn die Formen des Konjunktivs II ungebräuchlich wirken.

> Er sagte, andere Maßnahmen <u>würden</u> nicht <u>weiterhelfen</u> [statt: <u>hülfen</u> oder <u>hälfen</u> nicht weiter].

Bitte nehmen Sie aber das Argument der Ungebräuchlichkeit nicht zum Vorwand, um dem Konjunktiv II generell aus dem Weg zu gehen. Wenn Sie nämlich allzu oft auf *würde* ausweichen, ist das stilistisch nicht mehr schön.

Die Umschreibung mit würde *+ Infinitiv kann Klarheit schaffen, wenn die Formen des Konjunktivs II nicht eindeutig der indirekten Rede zuzuordnen sind. Sie kann außerdem veraltete Konjunktiv-II-Formen ersetzen.*

Zeitenfolge

Im Zusammenhang mit der indirekten Rede ist die Zeitenfolge eine gute Nachricht: Sie bedeutet nämlich, dass Sie es gar nicht ständig mit ungewöhnlichen Formen (siehe oben) zu tun haben, dafür aber umso häufiger mit den Hilfsverben *haben*, *sein* und *werden*. Die kommen jedes Mal dann zum Zuge, wenn das berichtete Geschehen in die Vergangenheit oder Zukunft des Urhebers der Äußerung reicht. Bitte sehen Sie sich in der folgenden Übersicht an, wie die Zeitformen der direkten Rede in die indirekte Rede übertragen werden.

direkte Rede	indirekte Rede
Präsens: „Der Mann <u>lügt</u>; die Frauen <u>decken</u> ihn.	Er sagt, der Mann <u>lüge</u>; die Frauen <u>deckten</u> ihn.
Perfekt: „Der Mann <u>hat gelogen</u>; die Frauen <u>haben</u> ihn <u>gedeckt</u>.“	Er sagt, der Mann <u>habe gelogen</u>; die Frauen <u>hätten</u> ihn <u>gedeckt</u>.
Präteritum: „Der Mann <u>log</u>; die Frauen <u>deckten</u> ihn.“	
Plusquamperfekt: „Der Mann <u>hatte gelogen</u>; die Frauen <u>hatten</u> ihn <u>gedeckt</u>.“	
Futur I: „Der Mann <u>wird lügen</u>; die Frauen <u>werden</u> ihn <u>decken</u>.“	Er sagt, der Mann <u>werde lügen</u>; die Frauen <u>würden</u> ihn <u>decken</u>.
Futur II: „Der Mann <u>wird gelogen haben</u>; die Frauen <u>werden</u> ihn <u>gedeckt haben</u>.“	Er sagt, der Mann <u>werde gelogen haben</u>; die Frauen <u>würden</u> ihn <u>gedeckt haben</u>.

Bemerkenswert sind die Vergangenheitsformen: In der direkten Rede links wird zwischen Perfekt, Präteritum und Plusquamperfekt unterschieden; dadurch kann auch Vorzeitigkeit ausgedrückt werden. In der indirekten Rede rechts dagegen steht nur *eine* Form zur Verfügung, eine konjunktivische Perfektform. Die Zeitenfolge ist also weniger differenziert. Bitte beachten Sie: Konjunktiv I und II sind hier gleichwertig; sie zeigen *keinen* zeitlichen Unterschied an. Ihr Einsatz richtet sich allein nach der Eindeutigkeit der Formen, so wie es die Grundregel vorgibt.

Da die Hilfsverben so häufig vorkommen, sollten Sie deren Formen parat haben. Hier ein Überblick zum Nachschlagen und Auswendiglernen:

Konjunktiv I						
	Ind.	**Konj.**	**Ind.**	**Konj.**	**Ind.**	**Konj.**
ich	habe	*habe*	bin	sei	werde	*werde*
du	hast	habest	bist	sei[e]st	wirst	werdest
er sie es	hat	habe	ist	sei	wird	werde
wir	haben	*haben*	sind	seien	werden	*werden*
ihr	habt	habet	seid	seiet	werdet	*werdet*
sie	haben	*haben*	sind	seien	werden	*werden*

Konjunktiv II						
ich	hatte	hätte	war	wäre	wurde	würde
du	hattest	hättest	warst	wär[e]st	wurdest	würdest
er sie es	hatte	hätte	war	wäre	wurde	würde
wir	hatten	hätten	waren	wären	wurden	würden
ihr	hattet	hättet	wart	wäret	wurdet	würdet
sie	hatten	hätten	waren	wären	wurden	würden

Verwechslungen

Zum Schluss noch ein Hinweis zur Rechtschreibung: Unter den Hilfs-verben gibt es zwei Formen, die oft mit ähnlichen Wörtern verwech-selt und dann falsch geschrieben werden: *(ihr) seid / seit* und *(ihr) wart / (ich, er) ward*. Wenn Sie mit der Unterscheidung Schwierig-keiten haben, halten Sie sich an die folgenden Erklärungen:

ihr **seid** (von *sein*)	**seit**
Ihr seid und wir sind eingeladen. Seid froh!	*Das weiß ich seit heute. Seit ich es weiß, freue ich mich.*

Die Personalform *seid* wird – ebenso wie die Personalform *sind* – mit -*d* geschrieben: *ihr seid* wie *sie sind* mit -*d*. Die Präposition und die Konjunktion *seit*, die immer eine Zeitangabe einleitet, wird mit -*t* geschrieben: *seit* wie *Zeit* mit -*t*.

ihr **wart** (von *sein*)	ich/er **ward** (von *werden*)
Ihr wart dabei.	*Er entfleuchte und ward nicht mehr gesehen.*

Die 2. Person Plural der Vergangenheit von *sein* lautet *ihr wart* – mit -*t* so wie *ihr gabt, ihr gingt, ihr rieft*. Die Form *ward* ist eine veralte-te Form von *wurde*.

Übungen

Erste Übung

Bitte bringen Sie die Verben, die in eckigen Klammern stehen, in die richtige Konjunktivform. Achten Sie dabei besonders auf den Wechsel der grammatischen Person. Wenn Sie sich nicht sicher sind, ob eine Form eindeutig oder mit dem Indikativ zu verwechseln ist, konjugieren Sie die Reihen durch – ruhig auch auf einem Blatt Papier. Nutzen Sie die Tabellen zur Orientierung.

1. Der Mann machte geltend, er [haben] ___*habe*___ langjährige Erfahrung im Umgang mit Hunden.

2. Er und seine Lebensgefährtin [haben] _____ bereits mehrere Würfe großgezogen und verkauft.

3. Die Kunden [sein] _____ allesamt zufrieden.

4. Jedenfalls [haben] _____ es nie Beschwerden gegeben.

5. Hundekenner [wissen] _____, dass ein Hund eine klare Ansage [brauchen] _____.

6. Ohne klare Ansage [können] _____ der Hund sich nicht einordnen und [entwickeln] _____ Verhaltensstörungen.

7. Verhaltensgestörte Hunde [geben] _____ es genug.

8. Daran [sein] _____ nicht zuletzt die vielen Tierschützer schuld, die in Wirklichkeit keine Ahnung [haben] _____.

9. Sie [sehen] _____ in jedem Hund ein Kuscheltier.

10. Er dagegen [wissen] _____, dass Hunde ein Alpha-Tier [brauchen] _____, und genau das [stellen] _____ er für sie dar.

Zweite Übung

Bitte verfahren Sie wie in der ersten Übung.

1. Deine Kollegin sagte mir, du [verbringen] ___*verbringest*___
   die meiste Zeit in der Bibliothek und [sein] _____
   kaum ansprechbar.

2. Der Fall [beschäftigen] _____ dich Tag und Nacht.

3. Du [vermuten] _____, dass bei der Lösung ein wesentlicher Punkt übersehen worden [sein] _____.

4. Dem [gehen] _____ du jetzt nach.

5. Wie sie dich [kennen] _____, [werden] _____
   du tatsächlich etwas Neues ausgraben.

6. Bis dahin [müssen] _____ wir uns alle gedulden.

7. Ich sagte ihr, ich [planen] _____ das nächste Treffen
   des Arbeitskreises.

8. Deshalb [müssen] _____ ich wissen, ob du deinen Vor-
   trag halten [werden] _____.

9. Ich [hoffen] _____, du [können] _____ es
   einrichten, schließlich [sein] _____ das Thema aktueller denn je.

10. Ich [können] _____ es allerdings auch verstehen, wenn
    du für das nächste Treffen [absagen] _____.

Dritte Übung

In dieser Übung kommen etliche unregelmäßige Verben vor, deren
Formen Ihnen vielleicht nicht so geläufig sind. Wenn Ihnen die Konjunktivformen nicht gleich einfallen, gehen Sie zurück zu den Stamm-
formen und leiten Sie von da aus die Konjunktivreihen ab.

1. Die beiden Frauen gaben an, sie [verstehen] ___*verstünden /*___
   ___*verständen*___ den Vorwurf nicht und [halten] _____
   die ganze Geschichte für aus der Luft gegriffen.

2. Wir versicherten, wir [helfen] _____ ihnen, den Sachverhalt zu klären. Wir [beginnen] _____ mit der Prüfung sämtlicher Unterlagen.

3. Wir sagten den Kollegen, wir [finden] _____ unsere
   Büroräume zu eng und [denken] _____ über einen Um-
   zug nach. Gerne [bieten] _____ wir ihnen an, Büroräume mit uns zu teilen.

4. Sie sagten, sie [empfehlen] _____ uns das Dichtervier-
   tel als neuen Standort. Dort [genießen] _____ man ein
   gediegenes Ambiente und [bleiben] _____ vom Ver-
   kehrslärm verschont.

5. Wir sagten, wir [messen] _____ dem Arbeitsklima eine
   große Bedeutung bei. Deshalb [gestalten] _____ wir die
   Arbeitszeiten so flexibel wie möglich. Oft genug jedoch [verges-
   sen] _____ wir selbst, auf die Uhr zu sehen.

Vierte Übung

Bitte verfahren Sie wie in der dritten Übung.

1. Der Mediator argumentierte, bei einer Fortsetzung des Verfahrens
   [verlieren] __*verlören*__ beide Seiten viel Zeit und viel Geld.
   Solange die Beschlüsse aus dem Jahre 20xx [gelten] _____,
   [geben] _____ es keine einfache Lösung. Mit einem
   Kompromiss [gewinnen] _____ alle Beteiligten.

2. Bei der Befragung gaben die beiden 14-Jährigen an, sie [fahren]
   _____ die Strecke jeden Tag mit dem Bus und [kennen]
   _____ sie in- und auswendig. Deshalb [sein]
   _____ es kein Problem gewesen, selbst mit dem Auto
   zu fahren. Das Auto [gehören] _____ den Großeltern,
   die es aber nicht wirklich [brauchen] _____.

3. Die Inhaber teilten mit, sie [sehen] _____ sich gezwun-
    gen, Personal abzubauen. Zwar [lassen] _____ sie nur
    ungern Mitarbeiter gehen, doch [tragen] _____ sie die
    Verantwortung für das Ganze, und das [gelten] _____
    es zu retten. Sobald die Geschäfte wieder besser [laufen]
    _____, [werden] _____ sie die Mitarbeiter
    wieder einstellen.

4. Der Vorwurf an mich lautet, ich [lügen] _____ hinsicht-
    lich des Aufwandes. Bei normalem Tempo [sein] _____
    die anfallende Arbeit innerhalb von zwei Stunden zu bewältigen.
    Ich jedoch [nehmen] _____ mir viel Zeit für alles, was
    ich [tun] _____. Noch dazu [gönnen] _____
    ich mir ständig Pausen. Nur deshalb [kommen] _____
    ich auf eine Arbeitszeit von vier Stunden.

5. Beide Nachbarn gaben an, sie [sprechen] _____ schon
    seit Jahren nicht mehr miteinander. Sie [bringen] _____
    ihre Angelegenheiten lieber vor Gericht, wo sie zumindest eine
    geringe Aussicht [haben] _____, dass ihnen Gerechtig-
    keit [widerfahren] _____. Ansonsten waren sie in allen
    Punkten uneins.

Fünfte Übung

Bitte bearbeiten Sie die folgenden – zu Übungszwecken leicht veränderten – Auszüge aus dem Urteil eines Landesarbeitsgerichts.

1. Der Kläger trägt vor, dass er sich ernsthaft auf die Stelle bewor-
    ben [haben] _habe_. Sie [entsprechen] _____ seinen
    Qualifikationen. Er [bewerben] _____ sich auf sämtli-
    che Stellenangebote für Finanz- und Bilanzbuchhalter, unabhän-
    gig davon, ob die Stellenausschreibungen diskriminierende Ele-
    mente [enthalten] _____ oder nicht. Im Jahre 2010

[haben] _____ er mindestens 56 Bewerbungen geschrieben. Die Bewerbung bei der Beklagten [sein]_____
in ordentlicher Form in einem neuen, unbenutzten Plastikschnell-
hefter erfolgt.

2. Seiner Ansicht nach [stellen] _____ das Angebot eines
   Arbeitsplatzes in einem „jungen" Team eine ältere Menschen
   diskriminierende Stellenausschreibung dar. Es [lassen]
   _____ sich daraus vermuten, dass seine Bewerbung
   zumindest auch deshalb keinen Erfolg gehabt [haben]
   _____, weil er kein „junger" Bewerber gewesen [sein]
   _____.

3. Die Beklagte ist der Ansicht, dass der Kläger sich schon nicht
   ernsthaft auf die ausgeschriebene Stelle beworben [haben]
   _____. Dies [zeigen] _____ sich in seiner Re-
   aktion auf die Ablehnung, in welcher er Ansprüche wegen an-
   geblicher Diskriminierung geltend [machen] _____.

4. Die fragliche Stellenausschreibung [haben] _____ keine Diskriminierung enthalten. Die Formulierung „junges Team"
   [haben] _____ lediglich einen „Marketingaspekt" dar-
   gestellt. Selbstverständlich [können] _____ auch ältere
   Arbeitnehmer einem „jungen und motivierten" Team beitreten.
   Im Übrigen [liegen] _____ der Altersdurchschnitt der
   Beklagten ohne Auszubildende bei 38 Jahren, in der Buchhaltung
   sogar bei 47 Jahren. Die Buchhaltung [sein] _____
   daher kein „junges" Team. Der Kläger [haben] _____
   aufgrund seines Alters sogar sehr gut in dieses Team gepasst.

5. Die Bewerbung des Klägers [haben] _____ ausschließlich deshalb keinen Erfolg gehabt, weil sie keinerlei Bezug zu
   dem angebotenen Arbeitsplatz und keine inhaltliche Struktur auf-
   gewiesen [haben] _____. Die Anlage [haben]

_____ aus 38 Seiten bestanden, die jeglicher Ordnung entbehrt [haben] _____. Zudem [sein] _____ die äußere Form der Bewerbung negativ aufgefallen, da sie in einem abgegriffenen und verdreckten Schnellordner eingereicht worden [sein] _____. So [haben] _____ der Kläger bereits durch seine Bewerbung eindrucksvoll unter Beweis gestellt, dass er keinesfalls zur Führung der Finanzbuchhaltung bei der Beklagten geeignet [sein] _____. Allein die Form der Bewerbung, der konfuse Lebenslauf und die Zusammenstellung der Anlagen, durch die sich der zuständige Personalsachbearbeiter [haben] _____ „wühlen" müssen, [sein] _____ Zeugnis genug für die Arbeitsweise des Klägers.

Sechste Übung

Bitte berichten Sie in indirekter Rede über die folgende Aussage einer Zeugin. Achten Sie dabei besonders auf die zeitlichen Verhältnisse.

1. Am Freitag, dem 13.03.20xx, hielt ich mich den ganzen Tag in der Wohnung meiner Eltern in der Icksstraße 1 in Frankfurt auf. Ich wollte meiner Mutter helfen, der es wegen Herzbeschwerden nicht gut ging. Meine 4-jährige Tochter hatte ich mitgebracht.

Die Zeugin gibt an, am Freitag, dem 13.03. 20xx, habe sie sich _____

_____

_____

_____

_____

2. Am frühen Nachmittag, als meine Mutter sich im Wohnzimmer aufs Sofa gelegt hatte, kam mein Vater von der Arbeit zurück. Er arbeitet im Schichtdienst. Er ging schnurstracks zum Kühlschrank, um sich ein Bier zu holen, aber es war keins da. Darüber regte er sich lautstark auf.

---

3. Ich versuchte, meinen Vater zu beschwichtigen. Er hörte aber
    nicht auf mich, sondern ging ins Wohnzimmer, weckte meine
    Mutter und schimpfte wegen des Biers. Das hörte ich von der
    Küche aus. Dann kamen beide zusammen in die Küche und ge-
    rieten in einen lauten Streit. Im Verlauf dieses Streits schubste
    mein Vater meine Mutter in Höhe des Brustbereichs, sodass sie
    zurücktaumelte und an die Wand stieß.

---

4. Nun schritt ich ein und forderte meinen Vater auf, sich zusam-
    menzureißen. Daraufhin beschimpfte er mich auf üble Weise,
    obwohl meine Tochter neben mir stand. Sie bekam Angst und
    fing an zu weinen. Das machte meinen Vater noch zorniger.

---

5. Über diese Situation regte meine Mutter sich sehr stark auf. Da ich eine weitere Eskalation vermeiden wollte, sah ich mich gezwungen, bei der Polizei anzurufen und um Hilfe zu bitten.

_____

_____

_____

_____

Zweite Lektion
Satzbau: Satzmuster sinnvoll nutzen

In dieser Lektion erhalten Sie einen Überblick über die verschiedenen Satzmuster. Die sollten Sie kennen, damit Sie sie bewusst einsetzen und variieren können. Besonders ausführlich behandelt wird das Satzgefüge. Dabei geht es zunächst um den fürs Schreiben wichtigsten Unterschied zwischen Hauptsatz und Nebensatz. Dann sehen Sie sich verschiedene Arten von Nebensätzen an, und schließlich landen Sie über zunehmende Grade von Nebensätzen beim Schachtelsatz. Sie erkennen, was Schachtelsätze problematisch macht, und üben, solchen Problemen aus dem Weg zu gehen.

Nutzwert

Der Satzbau ist mehr als alles andere dafür verantwortlich, wie Texte ankommen. Fehlerhafte Sätze erzeugen Zweifel an den Fähigkeiten des Verfassers, und zwar nicht nur an den sprachlichen. Umständliche Sätze – das wissen Sie von Ihrer eigenen Lektüre – behindern das Verständnis. Sie verlangen mehrere Durchläufe und machen damit das Lesen zu einer Geduldsprobe. Gut gebaute Sätze dagegen werden in der Regel gar nicht beachtet, und das ist das Beste, was einem Satz passieren kann. Es bedeutet nämlich, dass der Leser den Inhalt ungestört aufnimmt. Solche leserfreundlichen Sätze können Sie allerdings nur dann zuverlässig produzieren, wenn Sie selbst die Regeln des Satzbaus verstehen. Hier ist Ihre Gelegenheit, sich dieses Verständnis zu erarbeiten.

Einfacher Satz und komplexer Satz

Ein einfacher Satz beruht auf *einem* Prädikat. Zur Erinnerung: Das Prädikat (die Satzaussage) ist der Kern des Satzes, um den sich alles dreht. Es besteht auf jeden Fall aus einem finiten (gebeugten) Verb, kann darüber hinaus aber auch weitere Elemente enthalten. Es trägt die Aussage und bestimmt die Struktur des Satzes. Ohne Prädikat gibt es keinen Satz.

Ein einfacher Satz ist ein Hauptsatz. Dabei ist er nicht notwendigerweise ein kurzer oder kommafreier Satz. Er hat zwar nur einen

Kern, aber was darüber hinaus vorhanden ist, das unterliegt keiner generellen Beschränkung. Bitte sehen Sie sich das im Beispiel an:

> (1) Der Mann studiert Mathematik.
>
> (2) Der in Kasachstan geborene und aufgewachsene und seit 1993 in Deutschland lebende Mann studiert seit dem Wintersemester 2005/2006 mit fachlichem Erfolg, aber erheblichen sprachlichen Schwierigkeiten Mathematik und Physik für das Lehramt an Haupt- und Realschulen.

Im Kern sind beide Sätze gleich; sie enthalten nur eine Handlung (*studiert*). Wenn der zweite Satz für Sie nach mehr aussieht, liegt das wahrscheinlich an den drei Partizipien (*geborene*, *aufgewachsene* und *lebende*). Doch lassen Sie sich davon nicht in die Irre führen. Die Partizipien sind zwar aus Verben gebildet, aber sie verhalten sich wie Adjektive. Sie sind Attribute (Beifügungen) und gehören mit zum Subjekt. Es bleibt also auch hier bei *einem* Prädikat und damit bei einem einfachen Satz.

Wenn mehrere Sätze zusammengesetzt werden, entsteht ein komplexer Satz. Dieser enthält mehrere Prädikate, da jeder Teilsatz sein eigenes Prädikat mitbringt. Je nach Art der Zusammensetzung unterscheidet man zwischen Satzreihe, Satzgefüge und zusammengezogenem Satz.

Satzreihe

Die Satzreihe ist eine Aneinanderreihung gleichrangiger Teilsätze. Jeder dieser Teilsätze ist ein Hauptsatz und könnte genauso gut für sich allein stehen. Dazu ein Beispiel:

> Der Lehramtsstudent beherrschte die deutsche Sprache nur sehr mangelhaft; er fiel zweimal durchs Examen.

Statt des Semikolons nach dem ersten Teilsatz könnte ein Punkt stehen. Dann wären die Inhalte stärker voneinander abgegrenzt. Es könnte auch ein Komma stehen, dann wären die Inhalte enger aufeinander bezogen. Hier liegt das Satzzeichen im Ermessen des Verfassers.

Satzgefüge

Das Satzgefüge ist die Zusammensetzung nicht gleichrangiger Teilsätze; es besteht aus einem Hauptsatz und mindestens einem Nebensatz. Der Nebensatz ist ein untergeordneter Teilsatz. Er ist nicht selbstständig, sondern abhängig von einem übergeordneten Teilsatz. Dazu ein Beispiel:

Der Lehramtsstudent beherrschte die deutsche Sprache nur mangelhaft [HS], sodass er zweimal durchs Examen fiel [NS].

Im Satzgefüge kommt unweigerlich mindestens ein Komma vor. Es markiert den Wechsel der Satzebene. Je häufiger Sie die Satzebene wechseln, desto mehr Kommas sind fällig.

Zusammengezogener Satz

Der zusammengezogene Satz ist eine Sparmaßnahme: Bei gleichrangigen Sätzen, die ein Element gemeinsam haben, wird dieses Element nur einmal genannt. Das sieht dann so aus:

Der Lehramtsstudent beherrschte die deutsche Sprache nur sehr mangelhaft und [der Lehramtsstudent bzw. er] fiel zweimal durchs Examen.

Beide Sätze sind Hauptsätze, also gleichrangig, und haben den Lehramtsstudenten als Subjekt. Das macht die zweite Nennung überflüssig.

Die Zusammenziehung funktioniert auch bei gleichrangigen Nebensätzen:

Der Lehramtsstudent, der die deutsche Sprache nur mangelhaft beherrschte und [der] zweimal durchs Examen fiel, klagte vor dem Verwaltungsgericht.

Hier ist der Lehramtsstudent Bezugswort für zwei Relativsätze, die beide auf einer Ebene liegen und [die beide] mit dem Pronomen *der* beginnen. In der zusammengezogenen Version wird das Pronomen nur beim ersten Auftreten genannt.

Die Zusammenziehung von Teilsätzen ändert zwar nichts am Informationsgehalt, aber sie gibt eine andere Leseweise vor. Das können Sie leicht testen, indem Sie Vollversion und zusammengezogene Version nacheinander laut lesen. Die Betonung dürfte sehr unterschiedlich ausfallen. Zusammengezogene Sätze lesen sich schon fast wie eine Einheit.

Es stehen Ihnen vier Satzmuster zur Verfügung: einfacher Satz, Satzreihe, Satzgefüge und zusammengezogener Satz. Damit können Sie erstens Zusammenhänge sehr fein aufeinander abstimmen, zweitens den Leserhythmus bestimmen und drittens für Abwechslung sorgen.

Hauptsatz und Nebensatz

Hauptsatz und Nebensatz wurden zwar oben schon zu Definitionen herangezogen, trotzdem bleibt noch eine Frage zu klären: Warum spielt die Unterscheidung jenseits der Grammatik überhaupt eine Rolle? Wenn Sie sich das klar machen, können Sie mit Ihren Sätzen besser umgehen.

Der große Unterschied zwischen Hauptsatz und Nebensatz, der auch beim Lesen spürbar ist, liegt in der Stellung des Prädikats. Im Hauptsatz steht die gebeugte Verbform an der zweiten Stelle, im Nebensatz steht das gesamte Prädikat am Ende. Diese Stellungsregel gilt für Sätze, wie sie am häufigsten vorkommen: für Aussagesätze und für Nebensätze mit Einleitewort. Am besten sehen Sie sich das in Beispielen an:

> (1) Der Student fiel durch die Prüfung [HS], denn er beherrschte die Sprache nur mangelhaft [HS]
> (2) Der Student fiel durch die Prüfung [HS], da er die Sprache nur mangelhaft beherrschte [NS].
> (3) Da der Student die Sprache nur mangelhaft beherrschte [NS], fiel er durch die Prüfung [HS].

Das erste Beispiel besteht aus zwei aneinandergereihten Hauptsätzen; deren Prädikate stehen jeweils an der zweiten Stelle, gleich nach dem Subjekt. Das zweite Beispiel ist ein Satzgefüge in der Folge Hauptsatz/Nebensatz. Der Hauptsatz ist unverändert gegenüber dem ersten Beispiel; im Nebensatz ist das Prädikat an die letzte Stelle getreten. Das dritte Beispiel zeigt ein Satzgefüge in der Folge Nebensatz/Hauptsatz. Der Nebensatz weist die gleiche Struktur auf wie im zweiten Beispiel; der Hauptsatz ist jetzt etwas schwieriger zu durchschauen. Dazu muss man wissen, dass der gesamte vorausgehende Nebensatz ein Adverbial (eine Umstandsbestimmung) bildet. Dieses Adverbial besetzt die erste Stelle, das Prädikat – fiel – folgt an zweiter Stelle. Also geht auch hier die Zählung auf.

Die Stellung des Prädikats hat eine sehr konkrete Auswirkung: Sie entscheidet darüber, wie schnell sich die Aussage erschließt. Das dauert bei einem Nebensatz mit dem Prädikat am Ende nun einmal länger als bei einem Hauptsatz mit dem Prädikat weiter vorne. Wer sich dieser Auswirkung nicht bewusst ist, läuft Gefahr, Aussagen zu verschleppen. Das könnte dann so ausgehen:

> Hiermit teilen wir Ihnen mit [HS], dass wir Ihren Antrag auf ein Forschungsstipendium vom 15.05.20xx auf Empfehlung der Fachkommis-

sion und unter besonderer Berücksichtigung der Bedeutung des Vorhabens für die Verbesserung der Nachhaltigkeit kommunaler Strukturen <u>bewilligen</u> [NS].

Im Nebensatz müssen Sie über eine lange Strecke warten, bis die ersehnte Bewilligung kommt. In einem entsprechenden Hauptsatz wüssten Sie schneller Bescheid (*Hiermit bewilligen wir Ihren Antrag …*). Dieser Vorteil des Hauptsatzes bedeutet jedoch nicht, dass Nebensätze schlecht sind oder gar gemieden werden sollten. Im Gegenteil! Nebensätze sind gerade in der Rechtssprache unverzichtbar. Sie sollten eben nur so gestaltet werden, dass das Prädikat nicht in allzu weite Ferne rückt. Auch der Beispielsatz oben könnte besser dastehen:

Hiermit teilen wir Ihnen mit, dass wir Ihren Antrag auf ein Forschungsstipendium vom 15.05.20xx <u>bewilligen</u>. Wir folgen damit der Empfehlung der Fachkommission und würdigen insbesondere die Bedeutung des Vorhabens für die Verbesserung der Nachhaltigkeit kommunaler Strukturen.

Arten von Nebensätzen

Nebensätze erbringen unterschiedliche Leistungen. Danach lassen sich grob drei Arten unterscheiden: Verhältnissätze, Inhaltssätze und Relativsätze. Sehen Sie sich an, was jeweils zu beachten ist.

Verhältnissätze bilden im Satz das Adverbial; sie geben die Umstände eines Geschehens an. Das kann zum Beispiel eine Zeitangabe sein (Temporalsatz), ein Grund (Kausalsatz), eine Bedingung (Konditionalsatz), ein Zweck (Finalsatz), eine Folge (Konsekutivsatz), eine Einräumung (Konzessivsatz) oder auch die Art und Weise (Modalsatz). Der Satz beginnt dann jeweils mit der inhaltlich entsprechenden Nebensatzkonjunktion, etwa mit *als*, *weil*, *wenn*, *damit*, *sodass*, *obwohl* oder *indem*. Im Gutachtenstil haben Sie es viel mit Konsekutivsätzen (*sodass*) zu tun; der Urteilsstil dagegen zeichnet sich vor allem durch Kausalsätze aus (*da*, *weil*). In jedem Fall ist es wichtig, dass Sie die logischen Zusammenhänge *genau* erfassen und wiedergeben.

Was immer mal wieder verwechselt wird, sind Finalsatz (Zweck) und Konsekutivsatz (Folge). Im folgenden Beispiel wird der Unterschied klar:

(1) Der Kläger begehrt die Neubewertung seiner Klausur, <u>damit</u> die Prüfung doch noch als bestanden gilt.
(2) Das Gericht weist die Klage ab, <u>sodass</u> es bei der nicht bestandenen Prüfung bleibt.

Im ersten Satzgefüge verfolgt der Kläger eine gewisse Absicht; die ist im Finalsatz enthalten. Ein Konsekutivsatz wäre falsch, denn das bloße Begehren löst ja noch keine Folge aus. Im zweiten Satzgefüge entscheidet das Gericht, und die Folge dieser Entscheidung steht im Konsekutivsatz. Hier wäre ein Finalsatz falsch, denn der würde Befangenheit des Gerichts implizieren. Die Konjunktionen *damit* und *sodass* sind also nicht austauschbar.

Inhaltssätze vervollständigen den Inhalt des übergeordneten Satzes. Sie bilden dessen Subjekt oder Objekt oder ergänzen ein inhaltlich schwaches Verb so wie *sein* oder *bleiben* im Prädikat. Inhaltssätze umfassen dass-Sätze, Fragenebensätze und uneingeleitete Nebensätze in der indirekten Rede.

(1) Der Student hofft, dass er bei einer Wiederholung besser abschneiden wird.

(2) Fraglich ist, ob ein Anspruch auf Wiederholung der Prüfungsklausur besteht.

(3) Der Student behauptet, seine Sprachfertigkeiten seien ohne Prüfungsstress erheblich besser und durchaus zum Unterrichten geeignet.

Bei dass-Sätzen (1) kommt es vor allem darauf an, dass sie richtig erkannt und mit einem *dass* – statt fälschlich mit *das* – eingeleitet werden. Auch sollten sie nicht unnötig und gehäuft auftreten. Mehrere dass-Sätze innerhalb eines Satzgefüges sind nicht angenehm zu lesen. Bei Fragenebensätzen (2) beachten Sie bitte, dass am Schluss *kein* Fragezeichen steht, sondern ein Punkt. Uneingeleitete Nebensätze in der indirekten Rede (3) sind unproblematisch, sofern man den Konjunktiv richtig zu setzen weiß.

Relativsätze liefern in den meisten Fällen eine nähere Bestimmung zu einem Bezugswort im übergeordneten Satz. Diese nähere Bestimmung kann ein für den Inhalt entscheidendes Merkmal enthalten; sie kann aber auch den Inhalt ergänzen, erklären oder illustrieren. Bitte vergleichen Sie:

(1) Ein Rechtsgeschäft, das gegen die guten Sitten verstößt, ist nichtig.

(2) § 138 BGB, der sittenwidrige Rechtsgeschäfte für nichtig erklärt, gehört zu den Generalklauseln.

Die erste Aussage wäre ohne den Relativsatz falsch; hier ist der Relativsatz notwendig. Solche notwendigen Relativsätze heißen „restriktive Relativsätze". Die zweite Aussage hätte auch ohne den Relativsatz Bestand; er fungiert als zusätzliches Serviceangebot, indem er den Inhalt des Paragraphen ins Gedächtnis ruft. Er ist nicht notwendig und wird entsprechend als „nicht restriktiver Relativsatz" verbucht.

Aufpassen heißt es vor allem bei den nicht restriktiven Relativsätzen. Denn hier besteht immer die Gefahr, dass die Inhalte mit neuen Gedanken davonlaufen – und deshalb schon gar nicht mehr in einen Relativsatz gehören. Man spricht in diesen Fällen von „weiterführenden Relativsätzen". Zum Beispiel:

> § 138 BGB, der wegen der Schwierigkeit, in einer pluralistischen Gesellschaft einen konsensfähigen und gleichzeitig aussagekräftigen Begriff der „guten Sitten" zu finden, vielfach diskutiert wird, gehört zu den Generalklauseln.

Das Satzgefüge enthält zwei klar voneinander zu trennende Gedanken: Erstens gehört § 138 BGB zu den Generalklauseln; zweitens wird er vielfach diskutiert. Entsprechend sollten auch zwei getrennte Sätze gebildet werden:

> § 138 BGB gehört zu den Generalklauseln. Er wird vielfach diskutiert, weil es in einer pluralistischen Gesellschaft schwierig ist, einen konsensfähigen und gleichzeitig aussagekräftigen Begriff der „guten Sitten" zu finden,

Neben den beschriebenen Relativsätzen, die sich auf ein Bezugswort beziehen, gibt es noch eine Variante, die sich gleich auf einen ganzen Satz bezieht. Solche Relativsätze werden mit dem Relativpronomen *was* eingeleitet oder mit Relativadverbien wie *wobei, wofür, worüber, weswegen*. Sie sind immer weiterführend. So sehen sie aus:

> (1) Der Student behauptet, seine Sprachfertigkeiten seien ohne Prüfungsstress erheblich besser, was jedoch dem Gespräch nach zu urteilen stark anzuzweifeln ist.
> (2) Er sagt, er sei außerdem jederzeit bereit, sein Deutsch durch die Teilnahme an geeigneten Kursen noch weiter zu verbessern, wozu er lediglich aufgrund der Prüfungsvorbereitungen nicht gekommen sei.

Relativsätze dieser Art können ohne Verlust in Hauptsätze umgewandelt werden. Der Vorteil: Man gelangt schneller zum Punkt. Hier ist der Beweis:

> (1) Der Student behauptet, seine Sprachfertigkeiten seien ohne Prüfungsstress erheblich besser. Dem Gespräch nach zu urteilen ist dies jedoch stark anzuzweifeln.
> (2) Er sagt, er sei außerdem jederzeit bereit, sein Deutsch durch die Teilnahme an geeigneten Kursen noch weiter zu verbessern. Lediglich aufgrund der Prüfungsvorbereitungen sei er dazu nicht gekommen.

Grade von Nebensätzen

Ein Nebensatz, der von einem Hauptsatz abhängt, ist ein Nebensatz ersten Grades [NS1]. Ein Nebensatz, der von einem Nebensatz ersten Grades abhängt, ist ein Nebensatz zweiten Grades [NS2]. Diese Reihe können Sie theoretisch immer weiter fortsetzen. Praktisch jedoch sind die Grenzen der Verständlichkeit zu beachten. Hier ein Beispiel bis zum dritten Grad:

> Bei der Klage geht es darum [HS], dass ein Student [Teil 1 von NS1], der die deutsche Sprache nur mangelhaft beherrscht [NS2], weil er mit einer anderen Muttersprache aufgewachsen ist [NS3], eine Neubewertung seiner Prüfungsklausur mit mindestens „ausreichend" erreichen will [Teil 2 von NS1].

Mit jedem neuen Grad wechseln Sie die Satzebene, also muss ein Komma stehen.

Schachtelsätze

Schachtelsätze entstehen dann, wenn Sie Nebensätze mehrfach unterordnen und womöglich auch noch ineinander verschränken. Das Ergebnis können Sie sich bildlich vorstellen: Die Teilsätze sind wie Schachteln ineinander gestellt; und der Leser muss eine Schachtel nach der anderen öffnen, um endlich zur Aussage zu gelangen. Das macht Schachtelsätze bei Lesern eher unbeliebt.

Die Probleme mit Schachtelsätzen fangen allerdings meistens schon beim Schreiben an. Wer nicht geübt und äußerst konzentriert ist, wird Mühe haben, den Satz richtig zu Ende zu führen und dabei auch noch alle notwendigen Kommas zu setzen. Deshalb tun Sie nicht nur dem Leser einen Gefallen, sondern auch – vielleicht sogar vor allem – sich selbst, wenn Sie Ihre Sätze im Rahmen des Überschaubaren halten. Sagen Sie eins nach dem anderen, und das in wohldosierten Portionen. So zeigen Sie schon beim Schreiben, dass Sie einen Sinn für Ordnung haben, so wie Juristen ihn dringend brauchen.

Übungen

Erste Übung

Bitte prüfen Sie, ob es sich bei den folgenden Sätzen um einfache oder komplexe Sätze handelt. Diese Übung zwingt Sie, auf die Prädikate zu achten.

1. Nach Auffassung des Gerichts greift eine grob beleidigende Äußerung auf Facebook stärker in die Rechte der Kollegen ein als eine Beleidigung im Gespräch. (*einfacher Satz*)

2. Nach Auffassung des Gerichts greift eine grobe Beleidigung auf Facebook stärker in die Rechte der Kollegen ein, als eine Äußerung im Gespräch das tut. (_____)

3. Denn die Äußerung auf Facebook kann bis zur Löschung immer wieder nachgelesen werden. (_____)

4. Denn die Äußerung auf Facebook kann, bis sie gelöscht wird, immer wieder nachgelesen werden. (_____)

5. Denn die Äußerung auf Facebook kann immer wieder aufs Neue rezipiert werden – ganz im Gegensatz zu der Äußerung im Gespräch. (_____)

6. Denn die Äußerung auf Facebook kann immer wieder nachgelesen und weiter verbreitet werden. (_____)

7. Oft unterscheiden Arbeitsgerichte zwischen öffentlichen Einträgen und nur für Freunde zugänglichen Profilen. (_____)

8. Oft unterscheiden Arbeitsgerichte, ob Einträge öffentlich oder nur für Freunde zugänglich sind. (_____)

9. Fast alle Arbeitskollegen zählten zu den Facebook-Freunden und kannten die Beleidigungen. (_____)

10. Fast alle Arbeitskollegen und sogar der Chef zählten zu den Facebook-Freunden. (_____)

Zweite Übung

Bei den folgenden Sätzen handelt es sich um komplexe Sätze. Bitte unterstreichen Sie die Hauptsätze. Konzentrieren Sie sich auf deren wesentliches Merkmal: Das ist die gebeugte Verbform an der zweiten Stelle. Im Nebensatz dagegen steht das Prädikat am Schluss.

1. <u>Ein Altenpfleger und eine Familienpflegerin waren in der Probezeit entlassen worden</u>, nachdem sie sich arbeitsunfähig gemeldet hatten.
2. Was sie von der Kündigung, dem Chef und dem Pflegedienst hielten, war Gegenstand eines Austauschs auf Facebook.
3. Dass der Chef nicht einmal selbst angerufen hatte, um die Kündigung auszusprechen, nahmen sie ihm besonders übel.
4. Sie machten ihrem Unmut Luft, indem sie den Chef eine „arme Pfanne" nannten und den Pflegedienst „einen Drecksladen".
5. Das gelangte dem Pflegedienst zur Kenntnis, und der reichte Klage ein.
6. Er wollte erreichen, dass die Beklagten es unterlassen, den Betrieb und die leitenden Angestellten herabzuwürdigen.
7. Die Klage wurde abgewiesen, denn das Arbeitsgericht sah den Eintrag durch das Recht auf freie Meinungsäußerung gedeckt.
8. Die Pflegekräfte hätten ein privates Internet-Gespräch geführt, das nur für einen überschaubaren Kreis von Facebook-Freunden zugänglich gewesen sei.
9. Da die Äußerungen im Zusammenhang mit einer Kündigung standen, seien die emotionale Reaktion und die drastische Wortwahl verzeihlich.
10. Trotz des glimpflichen Ausgangs gilt, dass beim Austausch im Internet Zurückhaltung immer noch die beste Maßnahme ist.

Dritte Übung

Bitte stellen Sie fest, welches Satzmuster jeweils vorliegt: einfacher Satz, Satzgefüge, Satzreihe oder zusammengezogener Satz.

1. Wenn ein Anwalt eine andere Kanzlei als „Winkeladvokatur" bezeichnet, kann das von der Meinungsfreiheit gedeckt sein.

(*Satzgefüge*)

2. Dies entschied das Bundesverfassungsgericht in einem Beschluss vom 02.07.2013. (_____)

3. Der Beschwerdeführer ist Rechtsanwalt und vertrat wiederholt eine Patientin in Arzthaftungsprozessen gegen mehrere Zahnärzte. (_____)

4. Der im zivilgerichtlichen Ausgangsverfahren auf Unterlassung klagende Rechtsanwalt vertrat mehrfach jeweils zwei der beklagten Zahnärzte. (_____)

5. Der Beschwerdeführer warf ihm deshalb Parteiverrat und widerstreitende Interessen vor und monierte außerdem den Außenauftritt seiner Kanzlei. (_____)

6. Es sei nicht klar, ob es sich um eine Sozietät oder um eine Bürogemeinschaft handele. (_____)

7. Seinem Schriftsatz fügte der Beschwerdeführer eine E-Mail aus einem berufsständischen Verfahren bei, in der er die wechselhafte Darstellung der Kanzlei von Nützlichkeitserwägungen geleitet sah und deshalb als „Winkeladvokatur" apostrophierte. (_____)

8. Der somit zum Winkeladvokaten ernannte Kollege sah sich in seiner Ehre getroffen und klagte auf Unterlassung. (_____)

9. Im allgemeinen Sprachgebrauch ist ein Winkeladvokat ein Anwalt, dem jeder Winkelzug recht ist, um in eigener Sache Vorteile zu erlangen. (_____)

10. Das Landgericht und das Oberlandesgericht verurteilten den Beschwerdeführer zur Unterlassung; das Bundesverfassungsgericht sah ihn in seinem Grundrecht auf Meinungsfreiheit verletzt. (_____)

Vierte Übung

Der folgende Text besteht ausschließlich aus einfachen Sätzen. Lesen Sie ihn zunächst als Ganzes, am besten laut, und achten Sie auf den Rhythmus. Im nächsten Durchgang nehmen Sie sich bitte jeden Abschnitt einzeln vor und schauen Sie, wo Sie gegebenenfalls den Rhythmus verbessern und Zusammenhänge stärken können, indem Sie den Satzbau verändern. Benutzen Sie Schmierpapier und testen Sie ruhig mehrere Versionen. Dann können Sie vergleichen, wie unterschiedliche Satzmuster wirken.

Ein 21-jähriger Lagerist war seit 20xx in einem Lager angestellt. Im Frühjahr des darauffolgenden Jahres zog er sich einen Bandscheibenvorfall zu. Wegen starker Schmerzen wurde er krankgeschrieben. Während der Krankschreibung heiratete er. Bei der Hochzeit beteiligte er sich an einem Hochzeitsritual. Zusammen mit der Braut schnitt er ein Herz in ein großes Bettlaken. Dann trug er die hochschwangere Braut durch die herzförmige Öffnung in das neue Leben.

Bilder von der Hochzeit, auch vom Tragen der Braut, wurden auf Facebook eingestellt. Dort entdeckte sie der Arbeitgeber. Er erkannte darin genesungswidriges Verhalten des Lageristen. Dieser habe nicht hinreichend an der Wiederherstellung seiner Arbeitsfähigkeit mitgewirkt. Durch das Heben habe er den Heilungsprozess gefährdet. Der Arbeitgeber kündigte fristlos.

Der Lagerist wehrte sich gegen die Kündigung. Er erhob Klage vor dem Arbeitsgericht. Sein Verhalten, das Hochheben der Braut, habe sich im Überschwang der Gefühle ereignet. Er habe in dem Moment nicht an gesundheitliche Folgen gedacht. Eine Kündigung wegen einmaligen kurzen Hochhebens sei nicht gerechtfertigt. Juristisch kann man das Verhalten des Bräutigams als „Augenblicksversagen" beschreiben. Darunter versteht man ein sehr kurzfristiges Fehlverhalten bzw. Außerachtlassen der unter den gegebenen Umständen gebotenen Sorgfalt.

Der Rechtsstreit endete mit einer außergerichtlichen Einigung. Der Arbeitgeber nahm die fristlose Kündigung zurück. Stattdessen kündigte er regulär. Außerdem bekommt der Lagerist eine Abfindung. Diese liegt etwas über den üblichen 0,5 Monatsgehältern pro Beschäftigungsjahr. Der Lagerist, inzwischen stolzer Vater, ist mit der Einigung zufrieden. Für eine Wiedereinstellung wäre die Atmosphäre zu schlecht gewesen. Also ist die Trennung der bessere Weg.

Fünfte Übung

Bitte unterscheiden Sie, ob es sich um restriktive (notwendige) Relativsätze oder nicht restriktive (nicht notwendige) Relativsätze handelt. Im Zweifel kann Ihnen ein Test weiterhelfen: Wenn der Inhalt des Relativsatzes sich in einem eigenen Satz darstellen lässt, ist er nicht restriktiv.

1. Die Äußerung ist geschützt durch Art. 5 GG, der die Meinungsfreiheit garantiert. (*nicht restriktiv*) [Test: Die Äußerung ist geschützt durch Art. 5 GG. Dieser garantiert die Meinungsfreiheit.]

2. § 106 BGB: Ein Minderjähriger, der das siebente Lebensjahr vollendet hat, ist nach Maßgabe der §§ 107 bis 113 in der Geschäftsfähigkeit beschränkt. (_____)

3. Der Junge, der im Alter von sieben Jahren adoptiert wurde, riss im Alter von dreizehn Jahren zum ersten Mal von zu Hause aus. (_____)

4. § 119 Abs. 2 BGB: Als Irrtum über den Inhalt der Erklärung gilt auch der Irrtum über solche Eigenschaften der Person oder der Sache, die im Verkehr als wesentlich angesehen werden. (_____)

5. Wegen dieser Eigenschaften, die dem Käufer übrigens bekannt waren, war bereits der Kaufpreis herabgesetzt worden. (_____)

6. Die Radfahrerin fiel auf den Hinterkopf und zog sich schwere Schädel-Hirnverletzungen zu, die einen zweimonatigen Krankenhausaufenthalt erforderten. (_____)

7. Kollidiert ein Radfahrer im öffentlichen Straßenverkehr mit einem anderen – sich verkehrswidrig verhaltenden – Verkehrsteilnehmer (Kfz, Radfahrer usw.) und erleidet er infolge des unfallbedingten Sturzes Kopfverletzungen, die ein Fahrradhelm

verhindert oder gemindert hätte, muss er sich grundsätzlich ein Mitverschulden wegen Nichttragens eines Fahrradhelms anrechnen lassen. (_____)

8. Dass ein Schutzhelm, dessen Anschaffung wirtschaftlich durchaus zumutbar ist, vor Kopfverletzungen schützt, wird von Sicherheitsexperten bestätigt und auch nicht ernsthaft angezweifelt. (_____)

9. Die Klägerin gab an, zu dem Betriebsfest seien alle Mitarbeiter, die am Streik teilgenommen hatten, nicht eingeladen worden. (_____)

10. Ein Sachverhalt, der ohne die besonderen Umstände des Einzelfalles an sich geeignet ist, einen wichtigen Grund abzugeben, liegt vor. (_____)

Sechste Übung

Die folgenden Beispiele enthalten weiterführende Relativsätze. Bitte lösen Sie diese auf.

1. Der Hahn kräht jeden Morgen um sechs Uhr, wodurch sich die Nachbarn erheblich gestört fühlen.

   Dadurch fühlen sich die Nachbarn erheblich gestört.

2. Die Kläger behaupten, die beiden Katzen der Nachbarin verkratzten und verunreinigten ihre Beete, weswegen sie kaum noch Salat und Gemüse ernten könnten.

   _____

   _____

3. Dass die Klägerseite den Kot so stark wahrnimmt, liegt neben der Gartenarbeit der Kläger wohl daran, dass die Kläger den Kot

zur Beweissicherung ausgraben lassen, was der Kläger zu 2) im Rahmen der mündlichen Verhandlung zugab.

_____

_____

4. Die Beklagte weigert sich, ihre beiden Katzen als reine Stuben-katzen zu halten, wobei sie sich auf die Bedürfnisse der Tiere und auf die vor Ort übliche Haltung mit Freigang beruft.

_____

_____

5. Bei Kassenschluss stellte die Verkäuferin einen Fehlbetrag von 100,00 € fest, worüber sie die Filialleiterin aus Zeitgründen erst am nächsten Tag informieren wollte.

_____

_____

6. Am nächsten Tag jedoch herrschte bis zum Mittag ununterbro-chen reger Betrieb, womit sie wegen der Schulferien überhaupt nicht gerechnet hatte.

_____

_____

7. Der gegenwärtige Straßenverkehr ist besonders dicht, wobei mo-torisierte Fahrzeuge dominieren und Radfahrer von Kraftfahrern oftmals nur als Hindernisse im frei fließenden Verkehr empfun-den werden.

_____

_____

_____

8. Im gegenwärtigen Straßenverkehr dominieren motorisierte Fahr-
    zeuge, was dazu führt, dass Radfahrer oftmals nur als Hindernis-
    se im frei fließenden Verkehr empfunden werden.

    _____

    _____

    _____

9. Das Gericht teilt den Parteien mit, dass zunächst der genaue
    Grenzverlauf durch einen Vermessungsingenieur festgestellt
    werden müsste, was Kosten von 800,00 € bis 1.200,00 € verur-
    sachen würde.

    _____

    _____

10. Der Kläger habe gegenüber Frau N. N. erst nach Zugang der
    Kündigung Reue gezeigt, woraus sich der Eindruck ergebe, dass
    er sich erst unter dem Druck der Kündigung zu einer Entschul-
    digung genötigt gesehen habe.

    _____

    _____

    _____

Siebte Übung

Die folgenden Sätze sind verschachtelt und unübersichtlich. Bitte
ändern Sie das. Sie können die Sätze umstellen oder zerteilen und
dabei auch die notwendigen Anpassungen im Wortlaut vornehmen;
nur der Inhalt muss gewahrt bleiben. Hinweis: Diese Übung verlangt
Ordnungssinn und Kreativität gleichermaßen. Benutzen Sie Schmierpapier und spielen Sie verschiedene Möglichkeiten durch. So gewöhnen Sie sich daran, den Satzbau bewusst zu gestalten.

1. In der Beschäftigungsfiliale der Klägerin bestand die Arbeitsan-
    weisung, dass, sofern Mitarbeiter Leergut von zu Hause mitbrin-
    gen, um dieses in der Filiale einzulösen, die Mitarbeiter das
    Leergut beim Betreten der Filiale dem Filialverantwortlichen

vorzeigen und nach Erhalt des Pfandbons diesen abzeichnen lassen müssen.

2. Der Kläger gab an, er habe mit dem Beklagten ein weiteres Gespräch unter vier Augen geführt, in dessen Verlauf der Beklagte ihm gesagt habe, dass er, obwohl die Auftragslage gar nicht schlecht sei, nicht wisse, wie er zum Monatsende die Löhne zusammenbekommen solle, sodass er seine Arbeit vorerst einstellen und auf einen Anruf warten solle.

3. Es ist davon auszugehen, dass, hätte das beklagte Amt das der Kündigung dienende Verhalten der Klägerin abgemahnt und ihr für den Wiederholungsfall die Kündigung des Arbeitsverhältnisses angedroht, die Klägerin die Leistungsmängel ihrerseits erkannt und abgestellt hätte.

4. Es bestehe der Verdacht der Anwendung körperlichen Zwanges zu Lasten des Kindes K., denn die Klägerin sei am 16.03.20xx im Rahmen des Personalgesprächs gefragt worden, ob es Weiteres zu berichten gebe, woraufhin sie erklärt habe, dass sie bei der Trinkgewöhnung des Kindes dieses sich zwischen die Beine geklemmt habe und das Kind gezwungen habe zu trinken, was jedoch mit dessen Mutter abgesprochen gewesen sei.

5. Im Rahmen eines Personalgesprächs, welches der Amtsdirektor des beklagten Amtes, Herr Aling, am 15.03.20xx mit der Leiterin der Kindertagesstätte, Frau Beling, führte, erklärte diese, dass die Mitarbeiterin Celing geschildert habe, ihr sei von der ebenfalls in der Kindertagesstätte tätigen Erzieherin Deling erzählt worden, dass Frau Deling gesehen habe, wie die Klägerin einem auf dem Wickeltisch liegenden Kind mit der flachen Hand auf den Po geschlagen habe, als dieses sich nicht habe wickeln lassen wollen.

Dritte Lektion
Satzbau: Die Stellung optimieren

In dieser Lektion vertiefen Sie Ihre Kenntnisse des Satzbaus, und zwar vor allem im Hinblick auf die Satzstellung. Ausgangspunkt ist das Prädikat mit seinen Eigenheiten und strukturellen Auswirkungen. Die führen weiter zur Satzklammer und den Stellungsfeldern, die dadurch entstehen. Von besonderem Interesse ist das Mittelfeld, weil das beliebig viele Elemente enthalten kann und damit zuweilen die Verständlichkeit strapaziert. Sie lernen, sich mit Ausklammerung und anderen Strategien zu helfen. Ein weiteres Hindernis für die Verständlichkeit kann sich aus Attributen (Beifügungen) ergeben. Sie lernen, was für Attribute es gibt, wie sie zum Bezugswort stehen und wie sie am geschicktesten gehandhabt werden.

Nutzwert

In juristischen und wissenschaftlichen Texten gibt es eine Fülle von Details zu verarbeiten. Da reicht es nicht aus, die Details irgendwie in einen Satz zu packen und mit einem Schlusspunkt zuzubinden; vielmehr müssen sie in guter Ordnung präsentiert werden. Die gute Ordnung wiederum ist nicht bloß Geschmacksache, sondern sie orientiert sich an der Arbeitsweise des Gehirns. Das Gehirn kann Informationen besser verwerten, wenn es sie zuzuordnen weiß. Also brauchen Sie Techniken, die eine möglichst rasche Zuordnung ermöglichen. Genau die lernen Sie hier. Sie gehören übrigens mit zu dem, was Sie als guter Jurist ohnehin können sollten: sich in die Denkweise des Gegenübers versetzen.

Einteiliges und mehrteiliges Prädikat

Das Prädikat kann einteilig oder mehrteilig sein. Einteilige Prädikate bestehen allein aus einem finiten (gebeugten) Verb:

> Wir <u>bewilligen</u> die Leistung.

Mehrteilige Prädikate enthalten außer dem finiten Verb weitere Bestandteile. Die können ihrem Grund und ihrer Art nach sehr unterschiedlich sein. Sehen Sie selbst:

(1) Wir <u>lehnen</u> den Antrag <u>ab</u>.
(2) Die Leistung <u>wird bewilligt</u>.
(3) Wir <u>haben</u> die Leistung <u>bewilligt</u>.
(4) Wir <u>müssen</u> die Leistung <u>bewilligen</u>.

Im ersten Satz ergibt sich die Mehrteiligkeit durch den Verbzusatz beim trennbaren Verb. Zur Erinnerung: Trennbare Verben sind Verben, die mit einem Zusatz – meist einer Präposition – zusammengesetzt sind. Im Präsens und im Präteritum wird der Zusatz vom Verb getrennt. Im zweiten Satz ergibt sich die Mehrteiligkeit durch das Passiv, im dritten Satz durch die Zeitform, im vierten Satz durch das Modalverb *müssen*.

Für sich genommen ist das mehrteilige Prädikat noch nicht bemerkenswert; das wird es erst durch ein besonderes Verhalten: Die Teile des Prädikats treten nämlich nicht unbedingt zusammen auf (so wie im zweiten Satz), sondern sie erlauben weitere Elemente in ihrer Mitte (so wie im ersten, dritten und vierten Satz). Sie umschließen dieses mittlere Feld wie eine Klammer.

Satzklammer

Die Satzklammer, auch „Verbalklammer" genannt, besteht aus den getrennt voneinander stehenden Teilen des Prädikats. Sie wird links vom finiten Verb geöffnet (linke Klammer [LK]) und rechts vom Rest des Prädikats geschlossen (rechte Klammer [RK]).

(1) Wurde [LK] der Antrag abgelehnt [RK]?
(2) Das Amt lehnt [LK] den Antrag wegen Formfehlern ab [RK].
(3) Der Antrag dürfte [LK] wegen Formfehlern abgelehnt worden sein [RK].

Nur in Nebensätzen mit dem Prädikat in der Endposition setzt sich die Klammer anders zusammen: Hier besteht die linke Klammer aus der unterordnenden Konjunktion, die rechte Klammer aus dem gesamten Prädikat:

Ich vermute, dass [LK] der Antrag wegen Formfehlern abgelehnt worden ist [RK].

Die Wirkung der Satzklammer ist bei Haupt- und bei Nebensätzen gleich: Sie prägt die Struktur des Satzes und unterteilt ihn in drei Felder.

*Im Hauptsatz besteht die linke Klammer aus dem finiten Verb, die
rechte Klammer aus dem Rest des Prädikats. Im konjunktionalen
Nebensatz besteht die linke Klammer aus der Konjunktion, die rechte Klammer aus dem gesamten Prädikat.*

Stellungsfelder

Die drei Stellungsfelder, die durch die Satzklammer entstehen, sind
Vorfeld, Mittelfeld und Nachfeld. Das Vorfeld befindet sich vor der
linken Klammer, das Mittelfeld zwischen linker und rechter Klammer, das Nachfeld hinter der rechten Klammer.

	Vorfeld	LK	Mittelfeld	RK	Nachfeld
(1)	Wir	bewilli-gen	die Leistung,		da alle Voraussetzungen erfüllt sind.
(2)		Kann	die Leistung zum 15.05.20xx für vier Monate	bewilligt werden?	
(3)	Auf Ihren Antrag	wird	die Leistung zum 15.05.20xx	bewilligt,	und zwar für vier Monate.

Im ersten Satz – mit einteiligem Prädikat – ist die Satzklammer offen.
Trotzdem lassen sich die Felder identifizieren, und zwar durch einen
einfachen Umformtest: Machen Sie aus dem einteiligen Prädikat ein
mehrteiliges (*haben ... bewilligt*), und schon wird die Klammerposi-
tion sichtbar.

Die Besetzung des Vorfeldes ist festgelegt: Es enthält höchstens
ein Satzglied, oder es bleibt leer. Für das Mittelfeld dagegen gibt es
keine Beschränkung; von der Grammatik her können hier beliebig
viele und umfangreiche Satzglieder stehen. Grenzen setzt allein der
Gedanke an den Leser. Für den ist es nämlich eine Hängepartie, wenn
er von der linken bis zur rechten Klammer allzu viele Informationen
mitnehmen muss. Denn die weiß er ja noch gar nicht einzuordnen.
Testen Sie es selbst:

Die Landesregierung hat seit ihrem Regierungsantritt weitgehende Maßnahmen zur Modernisierung der Landesverwaltung (Einführung der kaufmännischen Buchführung mit einer Bepreisung der von der Verwaltung erbrachten Leistungen, Neuordnung der Personal- und Ablauforganisation durch Verwaltungsstrukturreformgesetze u. a. m.) und zum Abbau von bürokratischen Vorschriften (weitgehende Erlassbereinigung, Gesetzesfolgeabschätzung mit Befristung landesrechtlicher Vorschriften auf fünf Jahre) auf den Weg gebracht.

Bis zum bitteren Ende wissen Sie nicht, was die Landesregierung getan hat. Sie hätte die Maßnahmen ebenso gut verhindern können. Also achten Sie darauf, dass das Mittelfeld überschaubar bleibt.

Das Nachfeld besteht häufig aus einem Nebensatz (so wie im ersten Satz der Tabelle); es bietet sich außerdem dazu an, Informationen aus dem Mittelfeld aufzunehmen und damit die Satzklammer zu entspannen (so wie im dritten Satz der Tabelle).

Ausklammerung

Ausklammerung bedeutet, dass Redeteile aus dem Mittelfeld herausgenommen und hinter die rechte Klammer ins Nachfeld gestellt werden. Dadurch können sich mehrere Vorteile ergeben. Die erkennen Sie am besten, indem Sie Versionen mit und ohne Ausklammerung miteinander vergleichen.

> (1a) Er hat gegen die Ablehnung des Antrags aus formalen Gründen Widerspruch eingelegt.
> (1b) Er hat Widerspruch eingelegt gegen die Ablehnung des Antrags aus formalen Gründen.

Die Version mit Ausklammerung (b) sagt gleich zu Anfang, was das Subjekt tut. Diese Auskunft ist der Schlüssel, mit dem sich die übrige Information erschließen lässt. Je früher der Leser diesen Schlüssel in der Hand hält, desto leichter ist sein Zugang zum Text.

> (2a) Er wird seine Ansprüche von einem Fachanwalt prüfen lassen.
> (2b) Er wird seine Ansprüche prüfen lassen, und zwar von einem Fachanwalt.

In der Version mit Ausklammerung (b) wird die Information im Nachtrag deutlich herausgestellt. Der Fachanwalt erhält einen eigenen Akzent und nimmt an Gewicht zu. Ohne Ausklammerung dagegen steht er unauffällig im Mittelfeld.

> (3a) Er lehnt den Vergleich mit der Begründung, er sehe darin seine Belange nicht hinreichend berücksichtigt, ab.

(3b) Er **lehnt** den Vergleich **ab** mit der Begründung, er sehe darin seine Belange nicht hinreichend berücksichtigt.

In diesem Beispiel besteht das Prädikat aus einem Verb mit Zusatz (*ablehnen*). In der Version ohne Ausklammerung (a) steht dieser Zusatz wie ein vergessenes Anhängsel am Ende; in der Version mit Ausklammerung rückt er näher an das Verb, mit dem er zusammengehört. Dadurch wird die Zusammengehörigkeit stärker gewürdigt.

Ausklammerung ist übrigens auch ein hilfreiches Mittel bei Aufzählungen. Statt die Satzklammer erst am Ende der Liste zu schließen, zieht man die rechte Klammer nach vorne, und zwar hinter das erste Aufzählungsglied:

Damit **haben** Sie das Wichtigste über die Ausklammerung **erfahren**, über die Satzklammer, die Stellungsfelder im Satz und mehrteilige Prädikate.

Weitere Entspannungsstrategien

Ausklammerung ist nur *eine* Strategie, um bei überspannten Satzklammern Abhilfe zu schaffen. Aber sie funktioniert nicht immer. Deshalb sind weitere Entspannungsstrategien vonnöten. Welche jeweils am besten geeignet ist, das kommt auf die Beschaffenheit der Klammer und die Besetzung des Mittelfeldes an. Manchmal reicht es, ein trennbares gegen ein untrennbares Verb auszutauschen und damit die Klammer zu öffnen:

(a) Die Streitigkeiten **fingen** bereits 20xx wegen des vom Kläger als unzumutbar empfundenen Hundegebells auf dem Grundstück der Beklagten **an**.
(b) Die Streitigkeiten **begannen** bereits …

Bei weit gespannten Nebensätzen können Sie prüfen, ob sie sich in einen Hauptsatz umwandeln lassen.

(a) Die Streitigkeiten begannen bereits 20xx, **als** der Kläger **sich** wegen des nach seiner Dokumentation regelmäßig auch nachts auftretenden Gebells der beiden Jack Russell Terrier auf dem Grundstück des Beklagten **beschwerte**.
(b) Die Streitigkeiten begannen bereits 20xx. Damals **beschwerte sich** der Kläger wegen …

In anderen Fällen wird Ihnen nichts anderes übrig bleiben, als den Satz aufzubrechen und die Inhalte in mehreren Sätzen neu anzuordnen. Diese Strategie empfiehlt sich zum Beispiel bei dem Satz über

die Landesregierung weiter vorne. Der könnte in drei Sätzen so dastehen:

> Die Landesregierung hat seit ihrem Regierungsantritt weitgehende
> Maßnahmen zur Modernisierung der Landesverwaltung und zum Ab-
> bau von bürokratischen Vorschriften auf den Weg gebracht. Zu den
> Modernisierungsmaßnahmen zählen zum Beispiel die Einführung der
> kaufmännischen Buchführung mit einer Bepreisung der von der Ver-
> waltung erbrachten Leistungen sowie die Neuordnung der Personal-
> und Ablauforganisation durch Verwaltungsstrukturreformgesetze. Der
> Entbürokratisierung dienen die weitgehende Erlassbereinigung sowie
> die Gesetzesfolgeabschätzung mit Befristung landesrechtlicher Vor-
> schriften auf fünf Jahre.

Wichtig ist, dass Sie überhaupt merken, wenn Sie gerade dabei sind,
den Bogen zu überspannen. Dann sollten Sie gleich auf Alternative
umschalten und testen, welche am besten wirkt.

Sie können Ihrer Aufmerksamkeit in Sachen Satzklammer nach-
helfen, indem Sie sich ein Gesetz einprägen, und zwar das Erste
Behaghelsche Gesetz, formuliert von dem Philologen Otto Behaghel:

*Für die Wortstellung gilt, dass das geistig eng Zusammengehörige
auch eng zusammengestellt wird.*

Nach diesem Gesetz denken Sie nicht über eine die Verständlichkeit
fördernde Anordnung der Satzelemente nach [Abstand: 10 Wörter];
vielmehr denken Sie nach [Abstand: 1 Wort] über eine die Verständlichkeit fördernde Anordnung der Satzelemente. Machen Sie das
Erste Behaghelsche Gesetz zu Ihrem obersten Gebot und halten Sie
sich daran.

Attribute

Attribute, auch „Beifügungen" genannt, sind Elemente, die einem
Bezugswort beigefügt werden, um es näher zu bestimmen. In den
meisten Fällen ist das Bezugswort ein Substantiv. Das Attribut ist so
eng mit seinem Bezugswort verbunden, dass es nicht allein stehen
kann. Es kann auch nur zusammen mit seinem Bezugswort verschoben werden. Es ist kein Satzglied für sich, sondern bloß Teil eines
Satzglieds.

Der Form nach können Attribute sehr unterschiedlich sein. Sie können aus einem einzigen Wort bestehen, aus einer Wortgruppe oder aus einem Nebensatz. Je nach Beschaffenheit sind sie ihrem Bezugswort vorangestellt (Linksattribut) oder nachgestellt (Rechtsattribut). Sehen Sie sich die vielen Möglichkeiten im Überblick an:

	Attributform	Beispiel
1	Adjektiv	Der <u>kleine</u> Junge reißt aus.
2	Partizipphrase	Der <u>von seinen Mitschülern gemobbte</u> Junge reißt aus.
3	Adverb	Der Junge <u>dort</u> wurde in Gewahrsam genommen.
4	Genitivattribut	Die Eltern <u>des Jungen</u> sind unterwegs.
5	Präpositionalphrase	Der Junge <u>in dem roten T-Shirt</u> wartet auf seine Eltern.
6	Apposition (Beisatz)	Der Junge, <u>ein Einzelkind</u>, gilt in der Schule als Außenseiter.
7	Relativsatz	Der Junge, <u>der keine Freunde hat</u>, empfindet die Schule als Qual.
8	Konjunktionalsatz	Die Tatsache, <u>dass er leicht lernt</u>, hilft ihm nicht weiter.
9	Infinitivkonstruktion	Aus Angst, <u>schikaniert zu werden</u>, sagt er lieber gar nichts.

Problematisch werden Attribute dann, wenn sie über Gebühr ausgeweitet werden. Das kommt vor allem bei der Partizipphrase (2) vor, bei den Nebensätzen (7 und 8) und bei der Infinitivkonstruktion (9). In solchen Fällen kann vor lauter Beschreibung das Beschriebene untergehen; außerdem kommt es zu einem unerwünschten Verzug in der Informationsverarbeitung. Sehen Sie selbst, wie so etwas wirkt:

Der <u>nicht nur in der Schule, sondern auch in seiner Freizeit von seinen Mitschülern gemobbte</u> Junge reißt von zu Hause aus.

Der Junge, von dem der Satz handelt, erscheint erst nach einer Sequenz aus fünfzehn Wörtern. Bis dahin hat die gesamte Beschreibung keinen Aufhänger. Das ist schon fast wie bei einem Ratespiel: Die eine Seite nennt Eigenschaften, die andere rät, worauf sie sich beziehen. Sachtexte jedoch haben einen anderen Auftrag: Sie sollen schnell und einfach sagen, was Sache ist. Der Beispielsatz könnte das so erledigen:

Der Junge reißt von zu Hause aus, weil er von seinen Mitschülern ge-
mobbt wird. Sie mobben ihn nicht nur in der Schule, sondern auch in
seiner Freizeit.

In dieser Version wird das Wichtigste – wer tut was? – vorwegge-
nommen. Die näheren Ausführungen – warum und in welchem Aus-
maß? – werden hintenangestellt. Dazu musste das Attribut aufgelöst
werden.

Bei umfangreichen Attributnebensätzen ist der Effekt ähnlich wie
bei der Partizipphrase, nur tritt der Verzug an einer anderen Stelle auf.

Der Junge, <u>der bei jeder Mannschaftswahl im Sportunterricht übrig
bleibt und in jeder Pause allein dasteht</u>, empfindet die Schule als Qual.

Das Bezugswort ist bekannt, denn es steht *vor* dem Attribut. Allerdings wird jetzt durch das Attribut der Weg zum Prädikat in die
Länge gezogen. Sie wissen also über lange Zeit nicht, was der viel
beschriebene Junge tut. Deshalb ist es auch hier besser, das Attribut
aufzulösen und den Inhalt in neue Sätze zu stellen. Zum Beispiel so:

Der Junge bleibt bei jeder Mannschaftswahl im Sportunterricht übrig;
in jeder Pause steht er allein da. Er empfindet die Schule als Qual.

Sie könnten die Sätze auch in umgekehrter Reihenfolge schreiben
oder einen kausalen Zusammenhang herstellen. Das alles sind Opti-
onen, die je nach Kontext realisiert werden. Die Kritik am Attribut in
der Ursprungsversion dagegen ist vom Kontext unabhängig: Es
schiebt das Prädikat auf die lange Bank. Außerdem enthält es Informationen, die in dieser Position – in einer bloß beigefügten Beschreibung – unterbewertet sind. Sie haben einen eigenen Satz oder zumindest Satzgliedstatus verdient.

Fazit: Attribute präzisieren Aussagen und erfüllen damit eine wichtige Funktion. Allerdings sollten Sie immer sorgfältig unterscheiden,
ob es sich überhaupt noch um eine Präzisierung handelt oder ob eine
eigenständige Information eingeführt wird. Im letzteren Fall könnte
ein Attribut das Bezugselement überfrachten und die Gewichtung
verzerren; die Information wäre besser in einem Satzglied oder Satz
aufgehoben. Mit der Zeit entwickeln Sie einen Blick für diese Unterscheidung. Üben hilft!

Übungen

Erste Übung

Hier geht darum, die Satzklammer zu erkennen. Bitte unterstreichen Sie in den folgenden Sätzen jeweils die linke und die rechte Klammer.

1. Neben Eltern und Familien <u>müssen</u> auch Lehrer und Erzieher einen aktiven Part bei der Erziehung zu Demokratie, Gewaltfreiheit, Gleichberechtigung und Selbstbestimmung von Mann und Frau und religiöser Toleranz <u>übernehmen</u>.
2. Kinder ahmen das Verhalten der sie umgebenden Erwachsenen im Guten wie im Schlechten nach.
3. Der Jugendliche wurde nach versuchtem Trickdiebstahl am Hauptbahnhof vorläufig festgenommen.
4. Die Polizei wird ihn haben gehen lassen.
5. Der Jugendliche hätte sich an dem betreffenden Tag gegen 17:00 Uhr bei dem für ihn zuständigen Sozialarbeiter melden sollen.
6. Der Beschluss des Abgeordnetenhauses sieht für die Hilfen zur Erziehung den Abschluss von Zielvereinbarungen über die Implementierung eines standardisierten Fachcontrollings auf gesamtstädtischer Ebene vor.
7. In der Zielvereinbarung für das Jahr 20xx wurden die grundlegenden Ziele, Maßnahmen und Kennzahlen des Fach- und Finanzcontrollings sowie die Voraussetzungen für die Analyse und Bewertung der Entwicklung der Fallzahlen und Ausgaben festgelegt.
8. Nach der ständigen Rechtsprechung des BAG kann nicht nur eine erwiesene Vertragsverletzung, sondern auch schon der schwerwiegende Verdacht einer strafbaren Handlung oder einer sonstigen Verfehlung einen wichtigen Grund zur außerordentlichen Kündigung darstellen.
9. Wegen des weiteren Vorbringens der Parteien in der Berufungsinstanz wird auf den vorgetragenen Inhalt der Berufungsbegründung des Beklagten vom 15.01.20xx sowie auf die Berufungsbeantwortung der Klägerin vom 25.02.20xx und das Sitzungsprotokoll vom 15.04.20xx Bezug genommen.
10. Das Gericht hat sich zunächst in der Hauptverhandlung durch Inaugenscheinnahme und Verlesung der notwendigen Urkunden

sowie durch Einvernahme des Zeugen POK ... von der Ordnungs-
mäßigkeit der durchgeführten Messung überzeugen können.

Zweite Übung

In dieser Übung haben Sie es mit stark gedehnten Satzklammern aus
Verb und Verbzusatz zu tun. Bitte entspannen Sie die Sätze durch
geeignete Umbaumaßnahmen.

1. Bitte geben Sie stets die persönliche Identifikationsnummer und
   vorerst zusätzlich die Steuernummer oder das Geschäftszeichen
   an.

   Bitte geben Sie stets die persönliche Iden-
   tifikationsnummer an und vorerst zusätzlich
   die Steuernummer oder das Geschäftszeichen.

2. Der Beklagte stellte die Zahlungen nicht Ende September 20xx,
   sondern erst im Januar des darauffolgenden Jahres ein.

   _____

   _____

   _____

3. Wir fordern Sie hiermit ein letztes Mal zur Zahlung des ausste-
   henden Betrages von 100,00 € auf.

   _____

   _____

   _____

4. Die Vereinbarung stellt für beide Seiten einen notgedrungenen
   Kompromiss mit weitreichenden Zugeständnissen dar.

   _____

   _____

   _____

5. Die ausgeschriebene Stelle setzt profunde Kenntnis des nationalen und internationalen Marktes, langjährige Erfahrung als Führungskraft und überdurchschnittlichen persönlichen Einsatz voraus.

---

6. Der Unterzeichnete nimmt zum Zeitpunkt des anberaumten Termins als Referent an einer Sonderveranstaltung für Studierende und Referendare im Rahmen einer juristischen Fachtagung in Frankfurt teil.

---

7. Der Befragte lehnt jeglichen weiteren Kommentar zu diesem Thema mit einem Verweis auf die Erklärung auf seiner Internetseite ab.

---

8. Die Beklagte weist den Vorwurf, die Kündigung sei wegen der Streikteilnahme der Klägerin erfolgt, zurück.

---

9. Von einer neuerlichen Anhörung der Beteiligten sieht der Senat im Hinblick auf die ausführlichen persönlichen Anhörungen, die das Familiengericht vornahm, ab.

---

10. Durch verschiedene gesellschaftliche Faktoren bedingt, geht generell der Einfluss kollektiver Akteure in den betrieblichen Arbeitsbeziehungen, die dort Gegenpol und Puffer im Verhältnis zur Macht des Arbeitgebers sein könnten, zurück.

Dritte Übung

Hier geht es um die Satzklammer im Nebensatz, bestehend aus der Konjunktion links und dem gesamten Prädikat rechts. In den Übungssätzen sind die Klammern stark gedehnt. Bitte entwerfen Sie Lösungsvorschläge, in denen das nicht so ist. Arbeiten Sie mit allen Strategien, die Sie kennen. Sie haben freie Hand; nur der Inhalt muss gewahrt bleiben.

1. Bitte beachten Sie, dass Sie zum Nachweis Ihrer Hilfebedürftigkeit unter anderem durch Vorlage einer Bescheinigung über die Höhe der Tilgungsraten verpflichtet sind.

   Bitte beachten Sie, dass Sie verpflichtet sind, Ihre Hilfebedürftigkeit nachzuweisen. Zu diesem Nachweis gehört unter anderem die Vorlage einer Bescheinigung über die Höhe der Tilgungsraten.

2. Anzeichen für Unterstützungsbetrug sind nicht ersichtlich, da das Vorhandensein von Vermögenswerten über die Freigrenze hinaus für den Zeitpunkt der Antragstellung nicht nachgewiesen werden kann.

---

3. Eine Einbehaltung sollte nicht vorgenommen werden, da die
    Überzahlung auf nicht korrektes Lesen der Gewinn- und Verlust-
    rechnung seitens der Behörde und nicht auf grobe Fahrlässigkeit
    oder gar Vorsatz des Leistungsempfängers zurückzuführen ist.

    _____

    _____

    _____

    _____

4. Wir beraten Sie, wenn Sie eine Diskriminierung am Arbeitsplatz
    aus Gründen der Rasse oder wegen der ethnischen Herkunft,
    wegen des Geschlechts, der Religion oder Weltanschauung, einer
    Behinderung, des Alters oder der sexuellen Identität geltend ma-
    chen wollen.

    _____

    _____

    _____

    _____

    _____

5. Die Meinungen gehen auseinander, ob das Allgemeine Gleich-
    behandlungsgesetz auch bei chronischen Krankheiten, wie bei-
    spielsweise einer HIV-Infektion ohne Symptome, greift.

    _____

    _____

    _____

    _____

6. In der schriftlichen Beurteilung des Betriebsarztes heißt es, dass
    die Möglichkeit der gemeinsamen Beratung zur Einsatzmöglich-
    keit des Mitarbeiters unter Einbeziehung des Mitarbeiters, des

Betriebsarztes und der für den Einsatzbereich verantwortlichen Person bestehe.

_____

_____

_____

_____

_____

7. Diskriminierung aufgrund der sexuellen Identität ist immer noch ein weit verbreitetes Phänomen, wie das Verbot so genannter „Homosexuellen-Propaganda" in Russland, die Massenproteste gegen die Homo-Ehe in Frankreich, die Debatte über das Adoptionsrecht in Deutschland und nicht zuletzt die alltäglichen Sprüche, Witze und Sticheleien zeigen.

_____

_____

_____

_____

_____

8. Das Suizidrisiko liegt bei homosexuellen Jugendlichen drei- bis viermal höher als bei heterosexuellen, da sie in ihrem Schulalltag Übergriffe von Beleidigungen bis hin zur Körperverletzung durch ihre Mitschüler und oft auch hilfloses Wegsehen der Lehrkräfte erleben.

_____

_____

_____

_____

_____

9. Die vom Gericht in der Sache zu treffende Entscheidung nach §
80 Abs. 5 Satz 1 VwGO richtet sich danach, ob das öffentliche
Interesse an der sofortigen Vollziehung der angegriffenen be-
hördlichen Verfügung gegenüber dem Interesse des Antragstel-
lers an der Wiederherstellung der aufschiebenden Wirkung des
von ihm eingelegten Rechtsbehelfs schwerer wiegt.

_____

_____

_____

_____

_____

_____

10. Dem Befundbericht des Instituts für Rechtsmedizin vom
21.03.20xx ist zu entnehmen, dass die Ergebnisse der toxikolo-
gischen Untersuchung der bei dem Antragsteller am 09.02.20xx
entnommenen Blutprobe eine Aufnahme von Cannabisprodukten
(Haschisch, Marihuana) sowie von MDMA (Ecstasy), MDA und
Amphetamin belegen.

_____

_____

_____

_____

_____

Vierte Übung

Thema dieser Übung sind Attribute. Sehen Sie sich die Übungssätze
genau an und achten Sie besonders auf die Substantive. Dann unterstreichen Sie bitte die Attribute, die den Substantiven beigefügt sind.
Beachten Sie, dass ein Substantiv auch mehrere Attribute haben kann.
Wenn Sie sich nicht sicher sind, ob es sich um ein Attribut handelt,
machen Sie die Verschiebeprobe. Ein Attribut kann nur zusammen
mit seinem Bezugswort verschoben werden.

1. Der <u>am 15.05.19xx geborene und verheiratete</u> Kläger ist seit dem 01.10.20xx bei der Beklagten beschäftigt.
2. Der Kläger beantragte wegen einer Hochzeit für den 05.05.20xx einen Urlaubstag, der ihm von der Beklagten bewilligt wurde.
3. Die Beklagte ordnete mit Zustimmung des Betriebsrats für den darauffolgenden Samstag, den 06.05.20xx, eine Sonderschicht an, zu der sie auch den Kläger einteilte.
4. Der Kläger schimpfte im Pausenraum lautstark vor rund zwanzig Kollegen über den Vorsitzenden des Betriebsrats.
5. Später entschuldigte sich der Kläger bei dem Betriebsratsvorsitzenden, für den die Angelegenheit damit erledigt war.
6. Gleichwohl erhielt der Kläger mit Schreiben vom 03.05.20xx eine Abmahnung.
7. Sie enthält den Hinweis, dass der Arbeitgeber Beschimpfungen und Beleidigungen nicht duldet.
8. In einer weiteren Abmahnung wird festgestellt, dass die persönliche Leistung weit hinter der Leistung der Kollegen zurückbleibt.
9. Die schwache Leistung gibt Anlass zur Sorge.
10. Die Sorge, nicht mit anderen mithalten zu können, kann zu Depressionen und anderen Krankheiten führen.

Fünfte Übung

In den folgenden Sätzen sind die grau hinterlegten Attribute so umfangreich, dass sie den Ablauf stören. Bitte ändern Sie das, indem Sie die Attribute auflösen. Benutzen Sie Schmierpapier und testen Sie ruhig in mehreren Versionen, wie Sie die Informationen am geschicktesten anordnen.

1. Die 80 Jahre alte Dame, die bei dem brutalen Überfall durch einen 16-Jährigen erheblich verletzt wurde und seitdem an Angstzuständen leidet, wird im Rahmen der Opfernachsorge intensiv betreut.

2. Die Äußerungen des Klägers sind unter Berücksichtigung der Tatsache, dass er am Freitag, dem 05.05.20xx, Erholungsurlaub hatte und dennoch für Samstag, den 06.05.20xx, mit Zustimmung des Betriebsrats zu einer Sonderschicht eingeteilt wurde, von der gemäß Art. 5 Abs. 1 GG verfassungsrechtlich geschützten Meinungsfreiheit gedeckt.

3. Die erkennbar im Zusammenhang mit seiner Einteilung zu einer vom Betriebsrat genehmigten Sonderschicht am Tag nach dem zuvor bewilligten Erholungsurlaub stehenden Äußerungen sind vom Recht auf freie Meinungsäußerung gedeckt.

4. Anfängliche begleitete Umgänge mit der Kindesmutter, der das Sorgerecht wegen des Verdachts einer narzisstischen Persönlichkeitsstörung seitens des AG Usingen am 15.01.20xx entzogen worden war, woran der Senat im Rahmen eines Abänderungsverfahrens mit Beschluss vom 30.11.20xx keinen Änderungsbedarf sah, scheiterten.

5. Die hessische Justiz stellt für die erste Stufe des elektronischen Rechtsverkehrs das von der Firma xyz gemeinsam mit dem Bundesamt für Sicherheit in der Informationstechnik, dem Bundesfinanzhof, dem Bundesverwaltungsgericht und dem Land Nordrhein-Westfalen entwickelte Elektronische Gerichts- und Verwaltungspostfach (EGVP) zur Verfügung.

Sechste Übung

Hier ist eine Kopfnuss aus dem Fall Emmely. Der Satz enthält zwei Attribute in Form von restriktiven (notwendigen) Relativsätzen. Sehen Sie Möglichkeiten, diesen Satz zu entspannen? Testen Sie, was geht.

Es kann der Beklagten nicht zugemutet werden, eine Arbeitnehmerin, die zumindest dringend verdächtigt ist, ein Vermögensdelikt zu Lasten des Arbeitgebers begangen zu haben, und die gleichzeitig der Auffassung ist, dies sei nicht so gravierend und rechtfertige ohnehin keine Kündigung, über sieben Monate in einem Bereich zu beschäftigen, in dem das Eigentum des Arbeitgebers dem ständigen potentiellen Zugriff der Arbeitnehmerin ausgesetzt ist.

Vierte Lektion
Zeichensetzung: Die Kommaregeln einhalten

Diese Lektion macht Sie fit in der Kommasetzung. Sie sensibilisiert Sie für das Komma beim Wechsel der Satzebene. Sie erklärt das Komma beim Infinitiv mit zu, beim Beisatz, bei Zusätzen, bei Gegensätzen und bei Aufzählungen. Besonders thematisiert wird das Komma vor dem und, von dem so viele denken, es sei niemals erlaubt.

Nutzwert

Mit zuverlässiger Kommasetzung können Sie regelrecht brillieren, denn kaum jemand scheint sie zu beherrschen. Unterlassene oder fehlplatzierte Kommas gehören zu den häufigsten Fehlern überhaupt. Darum sind sie aber noch lange nicht entschuldbar oder hinnehmbar. Im Gegenteil: Kommas sind wichtige Hilfsmittel beim Lesen, vergleichbar mit Schildern im Straßenverkehr. Wo sie fehlen oder falsch gesetzt sind, geht es drunter und drüber. Man weiß nicht so recht, wohin der Satz beziehungsweise die Reise geht. Tun Sie das Ihren Lesern nicht an. Nehmen Sie einmal die Mühe auf sich, verinnerlichen Sie die Kommaregeln und gehören Sie fortan zur Komma-Elite.

Komma beim Wechsel der Satzebene

Wechsel der Satzebene bedeutet, dass untergeordnete Sätze vorkommen. So wechseln Sie zum Beispiel die Satzebene, wenn Sie von einem Hauptsatz in einen Nebensatz gehen oder von einem Nebensatz ersten Grades in einen Nebensatz zweiten Grades. Jeder Wechsel wird durch ein Komma markiert.

> Die Betriebsordnung des Arbeitgebers enthält die Regelung [HS], dass die Mitarbeiter Waren [Teil 1 von NS1], die sie essen oder kaufen wollen [NS2], regulär bezahlen müssen [Teil 2 von NS1].

Die Regel an sich ist einfach und eindeutig; sie setzt allerdings voraus, dass Sie Abhängigkeiten erkennen.

Zur Erinnerung: Bei komplexen Sätzen, die aus mehreren Teilsätzen bestehen, ist immer zu beachten, worauf sich ein Teilsatz bezieht. Der Hauptsatz ist keinem anderen Satz untergeordnet; ein Nebensatz kann einem Hauptsatz oder einem anderen Nebensatz untergeordnet sein. Hier sind Beispiele zum Durchspielen:

> (1) Das Gericht berücksichtigte die Tatsache [HS], dass die Bäckerei-verkäuferin so unterzuckert war [NS1], dass sie dringend etwas Süßes brauchte [NS2].
> (2) Das Gericht hielt es für unerheblich [HS], dass die Bäckereiverkäu-ferin vor der Arbeit grundsätzlich nicht frühstücken kann [NS1] und dass sie im Laufe des Vormittags plötzlich Heißhunger bekam [NS2].

Im ersten Beispiel bezieht sich der zweite dass-Satz auf den ersten dass-Satz; er enthält die Folge, die sich erst aus dem ersten dass-Satz ergibt. Also hat das Satzgefüge drei Ebenen und zwei Kommas. Im zweiten Beispiel beziehen sich beide dass-Sätze direkt auf den Haupt-satz. Sie stehen gleichrangig nebeneinander. Da sie bereits durch ein *und* verbunden sind, wird kein Komma benötigt. Hier wäre ein Kom-ma sogar falsch. Das Satzgefüge hat nur zwei Ebenen und *ein* Komma.

Wenn Hauptsätze aneinandergereiht werden, herrscht immer Gleich-rangigkeit. Sind sie durch ein *und* miteinander verbunden, so kommen sie – genau wie gleichrangige Nebensätze – ohne Komma aus. Doch im Unterschied zu gleichrangigen Nebensätzen wäre hier das Komma nicht falsch. Sie *können* es jederzeit setzen, um die Gliederung des Ganzsatzes deutlicher zu machen. Sie *sollten* es setzen, wenn sich dadurch Missverständnisse vermeiden lassen. Dazu ein Test:

> Die Frau versorgt vor der Arbeit ihre bettlägerige Mutter und ihre Kin-der kümmern sich um den Hund.

Wahrscheinlich haben Sie im ersten Durchlauf falsch gelesen: *Die Frau versorgt vor der Arbeit ihre bettlägerige Mutter und ihre Kinder.* Mit einem Komma nach der *Mutter* hätten Sie auf Anhieb richtig gelesen.

Komma beim satzwertigen Infinitiv

Zunächst einmal müssen Sie wissen, was ein satzwertiger Infinitiv überhaupt ist. Der satzwertige Infinitiv ist eine dem Nebensatz nahe-stehende Konstruktion mit zwei wesentlichen Besonderheiten: Ers-tens besteht sein Prädikat aus einem Infinitiv mit *zu*; zweitens hat er kein eigenes Subjekt. Stattdessen bedient er sich im übergeordneten Satz. Das dort vorhandene Subjekt oder auch ein Objekt wird gleich-zeitig als Subjekt des satzwertigen Infinitivs verstanden. Das funkti-oniert so:

(1) Die Bäckereiverkäuferin hatte zwei Streuselteilchen gegessen, ohne diese zu bezahlen.
(2) Sie bot der Kundin an, die Nussschnecken zu kosten.

Im ersten Beispiel fungiert die Bäckereiverkäuferin, also das Subjekt des Hauptsatzes, als Subjekt des satzwertigen Infinitivs; im zweiten Beispiel übernimmt die Kundin, das Dativobjekt des Hauptsatzes, diese Funktion.

In der Kommasetzung unterscheidet sich der satzwertige Infinitiv ebenfalls vom Nebensatz. Das Komma ist nämlich im Allgemeinen freigestellt. Allerdings gibt es dazu eine Reihe von Ausnahmen. Hier sind die Fälle, in denen ein Komma stehen *muss*:

1. Der satzwertige Infinitiv wird mit einer Infinitivkonjunktion eingeleitet: *um, ohne, statt, anstatt, außer, als*.
   Beispiele: (1) *Sie aß zwei Streuselteilchen, um einer Unterzuckerung entgegenzuwirken.* (2) *Statt die Streuselteilchen in die Kasse einzugeben, bediente sie die nächste Kundin.*

2. Der satzwertige Infinitiv hängt von einem Hauptwort ab.
   Beispiele: (1) *Sie hatte die Absicht, die Streuselteilchen später zu bezahlen.* (2) *Der Auftrag, die Kunden zufriedenzustellen, stand für sie an der ersten Stelle.*

3. Der satzwertige Infinitiv wird durch ein Verweiswort angekündigt oder wieder aufgenommen.
   Beispiele: (1) *Wegen des Kundenandrangs dachte sie nicht mehr daran, die Streuselteilchen zu bezahlen.* (2) *Die Streuselteilchen zu bezahlen, das hatte sie in dem Trubel vergessen.*

Ein Tipp für Ihr weiteres Vorgehen: Statt sich die Ausnahmen einzuprägen und sie beim Schreiben zu identifizieren, können Sie sich die Sache auch leichter machen und *grundsätzlich* ein Komma setzen. Damit liegen Sie auf jeden Fall richtig.

Komma beim Beisatz

Ein Beisatz, auch „Apposition" genannt, ist ein substantivisches Attribut, das im gleichen Fall steht wie sein Bezugswort. Bitte beachten Sie: Ein Beisatz ist – seinem Namen zum Trotz – kein Satz im grammatischen Sinne, denn er hat ja kein Prädikat. Beisätze kommen häufig bei Datumsangaben vor und als ergänzende Information bei Personenangaben. Sie werden in Kommas gefasst.

> (1) Der nächste Termin ist am Dienstag, dem 15.05.20xx.
> (2) Frau Aling, eine Kollegin der Klägerin, bestätigte, dass diese sich plötzlich unwohl gefühlt habe.
> (3) Nach Aussage der Klägerin, einer 40-jährigen Bäckereiverkäuferin, herrschte an dem Tag durchgehend reger Betrieb.

Denken Sie bei eingeschobenen Beisätzen bitte auch an das abschließende Komma; das wird häufig vergessen.

Komma bei Zusätzen

Unter Zusätzen können Sie alles verbuchen, was dem Satz vorangestellt und was nachgestellt wird. Vorangestellt werden etwa Anreden oder Ausdrücke einer Stellungnahme:

> Ja, die Klägerin *hat* zwei Streuselteilchen gegessen!
> Gewiss, sie hätte diese gleich bezahlen sollen.

Nachgestellt werden etwa zusätzliche Angaben, Spezifizierungen, Erläuterungen und Beispiele. Oft handelt es sich dabei um Redeteile, die aus dem Mittelfeld ausgeklammert werden. Typische Einleitungsphrasen für derartige Nachträge sind *und zwar*, *und das*, *nämlich*, *vor allem*, *insbesondere* oder *zum Beispiel*:

> (1) Die Klägerin hat zum Verkauf bestimmte Ware verzehrt, und zwar zwei Streuselteilchen zu einem Verkaufspreis von insgesamt 2,60 €.
> (2) Der Bäckereiverkäuferin wurde fristlos gekündigt, und das wegen des Verzehrs von zwei Streuselteilchen.
> (3) Allerdings geht es um mehr als den bloßen Warenwert, nämlich um das Vertrauensverhältnis zwischen Arbeitgeber und Arbeitnehmer.

Bitte beachten Sie: Zusätze werden grundsätzlich per Komma vom Rest des Satzes abgegrenzt. Das gilt auch für die Fälle, in denen die Einleitungsphrase mit *und* beginnt.

Komma bei Gegensätzen

Gegensätze können durch spezifische entgegensetzende Konjunktionen sichtbar gemacht werden, zum Beispiel durch *aber*, *doch*, *jedoch*, *sondern*, *nicht nur – sondern auch*. In diesen Fällen steht immer ein Komma.

(1) Die Klage ist zulässig, aber unbegründet.
(2) Die Bäckereiverkäuferin hat nicht nur zwei Streuselteilchen gegessen, sondern auch noch eine Tasse Kaffee getrunken.

Die entgegensetzende Konjunktion *nicht nur – sondern auch* (mit Komma) wird oft verwechselt mit der anreihenden Konjunktion *sowohl – als auch*. Das führt zu falscher Kommasetzung. Denn anreihende Konjunktionen wie *sowohl – als auch*, *weder – noch* oder *sowie* stehen ohne Komma.

Komma bei Aufzählungen

Das Komma bei Aufzählungen bedarf keiner großen Erklärung: Die einzelnen Glieder der Aufzählung werden durch Kommas voneinander getrennt; lediglich vor dem letzten Glied steht statt des Kommas ein *und* oder *oder*.

> Als Zeugen benennt die Klägerin ihre Kollegin an der Theke, einen Kollegen aus der Backstube, eine Stammkundin und eine Handwerkerin der Firma Fix.

Wenn Sie Ihre Aufzählung nicht im Fließtext, sondern in einer Kolumne präsentieren, können Sie sowohl auf die Kommas als auch auf den Schlusspunkt verzichten.

> Als Zeugen benennt die Klägerin die folgenden Personen:
> – ihre Kollegin an der Theke
> – einen Kollegen aus der Backstube
> – eine Stammkundin
> – eine Handwerkerin der Firma Fix

Komma vor dem *und*

Das Komma vor dem *und* hat keine eigene Regel; es bekommt hier nur deshalb einen eigenen Abschnitt gewidmet, weil es so oft ausgelassen wird. Dabei wird es nicht einmal vergessen, sondern bewusst nicht gesetzt, weil die Verfasser denken, vor *und* dürfe grundsätzlich kein Komma stehen. Das stimmt aber nicht. Die Regel, dass vor dem *und* kein Komma stehen darf, gilt für Aufzählungen und für gleichrangige Nebensätze. Ansonsten gibt es sehr wohl ein Komma vor dem *und*, etwa wenn die Satzebene wechselt, wenn ein satzwertiger Infinitiv oder ein Beisatz endet oder wenn ein Nachtrag eingeleitet wird. In diesen Fällen ist das Komma sogar Pflicht.

(1) Die Frau sieht, wie die Verkäuferin blass wird [Ende NS], und holt ihr einen Stuhl.

(2) Die Frau hat vor, einen Arzt zu rufen [Ende Infinitiv], und sucht deshalb ihr Handy.

(3) Die Frau, eine Stammkundin [Ende Beisatz], und ihr Begleiter erinnern sich sehr genau.

(4) Die Frau hat der Verkäuferin geholfen, und zwar [Einleitung Nachtrag] ohne zu zögern.

Schließlich gibt es noch das Komma vor dem *und*, wenn zwei Hauptsätze aufeinandertreffen. Dann dient das Komma der Verdeutlichung und liegt im Ermessen des Verfassers.

Das ist das Wichtigste über das Komma [Ende Hauptsatz], und das gilt es jetzt zu üben.

Und es gibt doch ein Komma vor dem und*! Es ergibt sich, wenn die anderen Kommaregeln befolgt werden.*

Zum Schluss noch ein Tipp zum Mitnehmen: Prägen Sie sich die Kommaregeln anhand von Stichworten ein, zum Beispiel *Satzebene, Infinitiv, Beisatz, Zusatz, Gegensatz, Aufzählung*. Dann haben Sie eine Checkliste für Zweifelsfälle.

Übungen

Erste Übung

Bitte begründen Sie die Kommas in den folgenden Sätzen. Es reicht, wenn Sie Stichworte nennen: Satzebene, Infinitiv, Beisatz, Zusatz, Gegensatz, Aufzählung.

1. Die Parteien im Erdgeschoss und im ersten Stock streiten darüber, ob es zulässig ist, auf dem Balkon zu rauchen. (*Satz-ebene, Infinitiv*)

2. Die Partei im ersten Stock, ein älteres Ehepaar, fühlt sich durch den aufsteigenden Zigarettenrauch stark belästigt. (_____)

3. Die beiden behaupten, sie könnten nicht mehr auf ihrem Balkon sitzen, ohne eingenebelt zu werden. (_____)

4. Sie könnten dort nicht mehr Zeitung lesen, ohne dass ihnen die Augen trieften. (_____)

5. Zudem seien sie den Gefahren des Passivrauchens ausgesetzt, so etwa dem erhöhten Risiko, an Krebs zu erkranken. (_____)

6. Um dem Rauch zu entgehen, müssten sie nicht nur den Balkon meiden, sondern auch die Fenster geschlossen halten. (_____)

7. Damit sei die Wohnqualität, für die sie teuer bezahlten, erheblich gemindert. (_____)

8. Die Mieter im Erdgeschoss geben an, sie rauchten zusammen etwa zwölf Zigaretten pro Tag, an manchen Tagen weit weniger. (_____)

9. Sie sind nicht bereit, ihre Gewohnheiten nach den Vorstellungen des Ehepaares zu ändern, und halten dessen Beschwerden für überzogen. (_____)

10. Im Haus der streitenden Parteien mag die Gesundheit durchs Rauchen gefährdet sein, aber noch gesundheitsschädlicher ist womöglich der Stress wegen des Streits. (_____)

Zweite Übung

Bitte begründen Sie die Kommas in den folgenden Sätzen.

1. Seit der Nichtraucherschutz gestärkt wurde, führt Rauchen vermehrt zu rechtlichen Auseinandersetzungen. (*Satzebene*)

2. Seit Inkrafttreten des Nichtraucherschutzgesetzes haben Raucher einen schweren Stand, und die Auseinandersetzungen mit Nichtrauchern gewinnen an Schärfe. (_____)

3. Insbesondere am Arbeitsplatz fällt es Rauchern und Nichtrauchern zuweilen schwer, miteinander auszukommen. (_____)

4. So musste sich das Arbeitsgericht Saarlouis mit einem Fall beschäftigen, in dem einer Arbeitnehmerin wegen Rauchgeruch gekündigt worden war, und das an ihrem ersten Arbeitstag. (_____)

5. Die Klägerin hatte sich im März 2012 als Bürokraft bei der Beklagten beworben und war eingeladen worden, einen halben Tag zur Probe zu arbeiten. (_____)

6. Im Anschluss an die Probearbeit fand ein Gespräch statt, in dem die Klägerin gefragt wurde, ob sie rauche, und in dem sie auf das Rauchverbot bei der Beklagten hingewiesen wurde. (_____)

7. Die Klägerin erklärte daraufhin, dass sie zwar rauche, aber mit dem Rauchverbot einverstanden sei. (_____)

8. Nachdem sie an ihrem ersten Arbeitstag zwei Stunden lang gearbeitet hatte, kündigte die Beklagte das Verhältnis in der Probezeit. (_____)

9. Grund hierfür war für die Arbeitgeberin, dass die Klägerin gravierend nach Rauch gerochen habe, nachdem sie noch unmittelbar vor Arbeitsbeginn vor der Tür eine Zigarette geraucht hatte. (_____)

10. Das Arbeitsgericht befand die Kündigung für treuwidrig und damit unwirksam. Zwar sei diese vorliegend nicht nach den Maßstäben des Kündigungsschutzgesetzes zu beurteilen, aber auch in der Probezeit seien das allgemeine Persönlichkeitsrecht und die allgemeine Handlungsfreiheit des Arbeitnehmers zu berücksichtigen. (_____)

Dritte Übung

Hier geht es um das Komma beim Wechsel der Satzebene. Bitte setzen Sie die notwendigen Kommas ein.

1. Nach dem halben Probearbeitstag am 21.03.2012 fand ein Gespräch zwischen der Klägerin und der Geschäftsführerin der Beklagten statt in dem der Klägerin ein Arbeitsverhältnis ab dem 10.04.2012 zugesagt wurde.

2. Am 23.03.2012 rief die Geschäftsführerin der Beklagten bei der Klägerin an und teilte ihr mit dass der Arbeitsvertrag unterschriftsfertig sei.

3. Am 28.03.2012 kam es daraufhin zu einer Besprechung in der die Geschäftsführerin der Beklagten der Klägerin sagte sie wisse nicht ob man zusammenkomme.

4. Auf den Hinweis der Klägerin dass sie im Hinblick auf den Job bei der Beklagten bereits ihre Stelle gekündigt habe teilte die Geschäftsführerin ihr mit dass sie lediglich einen Bedarf für eine Bürokraft für 30 Stunden pro Woche habe.

5. Die Parteien einigten sich schließlich dahingehend dass die Klägerin die Stelle antreten solle und dass die wöchentliche Arbeitszeit 30 Stunden betragen solle.

6. In demselben Gespräch wurde die Klägerin darauf hingewiesen dass am Arbeitsplatz ein absolutes Rauchverbot bestehe welches die Klägerin akzeptierte da sie problemlos mehrere Stunden ohne Zigaretten auskommen könne.

7. Als die Klägerin am 10.04.2012 ihre Tätigkeit bei der Beklagten begann wurde sie zu Arbeitsbeginn gefragt ob sie geraucht habe.

8. Die Klägerin bejahte dies und erklärte dass sie vor Arbeitsantritt eine Zigarette geraucht habe da in den Büroräumen der Beklagten Rauchverbot bestehe.

9. Zwei Stunden später erhielt die Klägerin von der Geschäftsführerin der Beklagten ein Kündigungsschreiben in welchem das Arbeitsverhältnis während der Probezeit fristgemäß zum 24.04.2012 gekündigt wurde.

10. Die Klägerin ist der Ansicht das Motiv für die Kündigung – das Rauchen einer Zigarette vor Arbeitsantritt – widerspreche den allgemeinen Wertvorstellungen so grob dass eine Gesamtabwägung aller Umstände dazu führe dass die Kündigung als sittenwidrig anzusehen und damit nichtig sei.

Vierte Übung

Hier geht es um das Komma vor dem *und*. Bitte begründen Sie dessen Vorkommen in den folgenden Sätzen.

1. Das Bundesverfassungsgericht hatte am 09.02.2010 entschieden, dass die Berechnung der Regelleistungen nach SGB II nicht verfassungsgemäß ist, und gleichzeitig den Gesetzgeber aufgefordert, bis spätestens 31.12.2010 entsprechende Neuregelungen zu treffen. (*Satzebene*)

2. Der Arbeitgeber hat ein Interesse daran, in seinem Unternehmen nur Mitarbeiter zu beschäftigen, die seinen Vorstellungen entsprechen, und ihre Anzahl auf das von ihm bestimmte Maß zu beschränken. (_____)

3. Der Betrieb konnte seine fünfzehn Mitarbeiter halten, und das trotz der Auftragsflaute in den Jahren 2009 und 2010. (_____)

4. Der Betrieb hielt trotz der Auftragsflaute an allen Fachkräften fest, und genau darin sieht der Geschäftsführer den Grund für den heutigen Erfolg. (_____)

5. Die Mitarbeiter, die sich der prekären Lage durchaus bewusst gewesen seien, und die Geschäftsführung hätten an einem Strang gezogen. (_____)

6. Der Personalrat, allen voran der Vorsitzende, und die Führung des Hauses bemühen sich um eine sozialverträgliche Umsetzung der Sparvorgaben. (_____)

7. Der Ehemann steht im vollen Umfang hinter der Entscheidung seiner Ehefrau, ein Kind zu adoptieren, und ist bereit, ihr vielseitige Hilfe zu leisten. (_____)

8. Die Ehefrau, die aus Russland stammt, und ihr Ehemann wollen sich gemeinsam um das Kind kümmern. (_____)

9. Die Ehefrau, Staatsbürgerin der Russischen Föderation, und ihr Ehemann, Staatsbürger der Bundesrepublik Deutschland, wollen sich gemeinsam um das Kind kümmern. (_____)

10. Der Vorfall ist geeignet, den Konflikt weiter zu verschärfen, und muss deshalb dringend und mit äußerster Sorgfalt aufgeklärt werden. (_____)

Fünfte Übung

Bitte übernehmen Sie die Kommasetzung für die folgenden Sätze.

1. Die Zeugin gab an die Nachbarn Aling und Beling hätten am Sonntag dem 15.09.20xx lautstark von Balkon zu Balkon gestritten und sich dabei heftig beschimpft.

2. Aling aus dem ersten Stock habe Beling aus dem zweiten Stock einen „Drecksack" genannt und Beling habe mit „Arschloch" gekontert.

3. Grund des Streits sei wohl gewesen dass Beling ein starker Raucher beim Rauchen Asche und Kippen über das Balkongeländer geschnippt habe und dass beides auf Alings Balkon gelandet sei.

4. Dies jedoch habe sie aus der Entfernung selbst nicht gesehen sondern nur Alings Schimpfen entnommen.

5. Beling kenne weder Aschenbecher noch Anstand habe Aling geschimpft und deshalb sei ein zivilisiertes Zusammenleben mit ihm nicht möglich.

6. Beling habe daraufhin laut gesagt er kenne dafür den Unterschied zwischen Zivilisation und Stasi-Methoden. Die ewige Aufpasserei gehe ihm auf den Geist. Es müsse ja wohl möglich sein dass man auf dem eigenen Balkon eine Zigarette rauche ohne angeblafft zu werden.

7. An der Glaubhaftigkeit der Aussage ergeben sich keine Zweifel ebenso wenig an der Glaubwürdigkeit der Zeugin.

8. Das Verhältnis zwischen den Nachbarn die beide seit 2005 in dem Haus wohnen ist vollkommen zerrüttet und mittlerweile eine Belastung für die gesamte Hausgemeinschaft.

9. So haben bereits drei Hausverwaltungen das Objekt wieder abgegeben weil ihnen die Inanspruchnahme durch die streitenden Parteien zu viel war und die vierte Hausverwaltung hat den erhöhten Zeitaufwand gleich mit in ihre Vergütung eingerechnet.

10. Zank und Streit zehren sowohl an den Nerven als auch am Portemonnaie und die einzigen die davon profitieren sind die Anwälte.

Sechste Übung

Bitte übernehmen Sie die Kommasetzung für die folgenden Sätze.

1. Die Klägerin behauptet ihr sei bereits deshalb ein Schaden entstanden weil sie entgegen einer Zusage 40 Stunden pro Woche beschäftigt zu werden nur einen Arbeitsvertrag über 30 Stunden erhalten habe.

2. Die Klägerin hält die Kündigung für sittenwidrig weil sie bereits zwei Stunden nach Arbeitsantritt ausgesprochen wurde. Maßgeblich sei dass ihr zu keinem Zeitpunkt eine Möglichkeit gegeben worden sei ihr Verhalten das im Übrigen völlig sozialadäquat sei und keinen Arbeitsvertragsverstoß darstelle zu ändern.

3. Weder ihre Kleider noch ihre Haare hätten in einer derartigen Intensität nach Rauch gerochen dass sich Kunden oder Mitarbeiter hätten beschweren können.

4. Kundenkontakt hätte die Klägerin überhaupt nicht gehabt. In welchem Ambiente die Beklagte ihre Bekleidungswaren anbiete

sei unerheblich da die Klägerin keine Kundenberaterin gewesen sei sondern als Bürokraft eingestellt worden sei.

5. Die Beklagte behauptet die vorherige Arbeitsstelle der Klägerin die Firma X existiere nicht mehr sodass die Klägerin dort keinerlei Einnahmen mehr hätte erzielen können.

6. Der Grund warum die Kündigung ausgesprochen worden sei sei auch nicht willkürlich und erst recht nicht sittenwidrig.

7. Die Klägerin habe an ihrem ersten Arbeitstag dem 10.04.2012 bei der Ausübung ihrer Tätigkeit dermaßen stark nach Rauch gerochen dass die Geschäftsführerin der Beklagten gezwungen gewesen sei die Fenster zu öffnen und die Geschäftsräume zu lüften.

8. Eine Kündigung verstößt dann gegen § 242 BGB und ist nichtig wenn sie aus Gründen die von § 1 KSchG nicht erfasst sind Treu und Glauben verletzt.

9. Ein typischer Tatbestand der treuwidrigen Kündigung ist neben einem widersprüchlichen Verhalten des Arbeitgebers dem Ausspruch der Kündigung in verletzender Form und einer den Arbeitnehmer etwa wegen seines Sexualverhaltens diskriminierenden Kündigung der Ausspruch einer Kündigung zur Unzeit.

10. Dass die Klägerin Raucherin ist war bereits seit dem Gespräch zwischen ihr und der Geschäftsführerin der Beklagten am 28.03.2012 bekannt bei dem die Klägerin darauf hingewiesen hat dass das betriebliche Rauchverbot für sie kein Problem sei und sie auch einige Stunden ohne Zigarette auskomme.

Siebte Übung

Bitte übernehmen Sie die Kommasetzung für die folgenden Textpassagen.

1. Die Klägerin ist der Ansicht sie werde von der Beklagten als ältere Frau benachteiligt. Dies ergebe sich insbesondere daraus dass sie nicht mit zu sämtlichen Vorstandssitzungen der Beklagten die nach dem 23.11.2011 stattgefunden haben geladen worden sei und auch keine weiteren Informationen über die Vorstandssitzungen wie bisher erhalten habe sodass sie sich außerstande sehe ihrer gesetzlich und vertraglich zugewiesenen Verantwortung als stellvertretendes Vorstandsmitglied nachzukommen.

2. Bis zum Jahr 2010 habe sie in Großhadern einen Einzelarbeits-
   platz auf Direktionsebene besessen. Danach sei ihr als Arbeitsplatz eine einsehbare Glasbox in der Eingangshalle zugewiesen
   worden. Zwar dürfe sie ein Büro in der Innenstadt nutzen aber
   nur mit Genehmigung des Sekretariats sodass sie keine Möglichkeit habe in Notfällen auf Unterlagen zuzugreifen.

3. Die Klägerin beantragt die Beklagte zu verurteilen an die Klägerin eine Entschädigung gem. § 15 Abs. 2 AGG deren Höhe in das
   Ermessen des Gerichts gestellt wird jedoch einen Betrag in Höhe
   von 20.000,00 € nicht unterschreiten sollte zu zahlen.

4. Die Beklagte begründet ihre Entscheidung die Klägerin nicht
   mehr an Vorstandssitzungen teilnehmen zu lassen mit dem Beschluss des Vorstands vom 24.11.2011 wonach künftig nur noch
   die Mitglieder des Klinikvorstands zu Sitzungen geladen werden.
   In der Praxis wurden bisher jedoch auch die Stellvertreter obwohl
   dieser Beschluss getroffen worden war weiterhin zu den Sitzungen geladen lediglich die Klägerin als einzige weibliche Stell-
   vertreterin konnte nicht mehr an sämtlichen Vorstandssitzungen
   teilnehmen.

5. Die Beklagte hat zu diesen Vorstandssitzungen nicht konkret
   Stellung genommen insbesondere hat sie nicht dargelegt weshalb
   sämtliche männliche Stellvertreter stets eingeladen wurden und
   weshalb deren Teilnahme für den Inhalt der Besprechung erforderlich gewesen sei. Insoweit liegt eine Benachteiligung der Klägerin wegen ihres Geschlechts vor sodass der Tatbestand eines
   Entschädigungsanspruchs aus § 15 Abs. 2 AGG erfüllt ist.

Fünfte Lektion
Rechtschreibung: *Das* und *dass* unterscheiden

In dieser Lektion lernen Sie sicher zu unterscheiden, wann das *mit einem* s *und wann* dass *mit Doppel-*s *geschrieben wird. Dazu machen Sie sich bewusst, dass es sich um vier verschiedene Wörter handelt (3 x* das *und 1 x* dass*), die jeweils spezifische Funktionen erfüllen.*

Nutzwert

Rechtstexte enthalten überdurchschnittlich viele dass-Sätze. Sie enthalten außerdem viele Beschreibungen in Form von Relativsätzen. Die werden, je nach Bezugswort, mit *das* eingeleitet. So kommt es schon aufgrund der Häufigkeit immer wieder zu Verwechslungen von *dass* und *das*. Diese Verwechslungen äußern sich zwar auf der Ebene der Rechtschreibung, aber sie sind doch mehr als bloße Rechtschreibfehler: Sie betreffen den Satzbau und sind ein Indiz dafür, dass man seine eigenen Sätze nicht richtig durchschaut. Das macht keinen guten Eindruck. Deshalb bietet dieses Kapitel Ihnen die Gelegenheit, sich ein für alle Mal klar zu machen, wann welches *das/s* angesagt ist.

Viermal *das/s*

Dass das *das/s* beim Schreiben Schwierigkeiten bereitet, ist kein Wunder, denn es kommt im Wortschatz gleich viermal vor: als Artikel (Geschlechtswort) *das*, als Demonstrativpronomen (hinweisendes Fürwort) *das*, als Relativpronomen (bezügliches Fürwort) *das* und schließlich als Konjunktion (Bindewort) *dass*. Die vier Wörter sehen sich zwar zum Verwechseln ähnlich, doch in ihren Leistungsmerkmalen sind sie grundverschieden. Das bedeutet für Ihr Vorgehen: Am besten fragen Sie, welche Leistung jeweils benötigt wird. Denn damit richten Sie Ihr Augenmerk automatisch auf die distinktiven Merkmale, und die äußere Ähnlichkeit spielt keine Rolle mehr. Diese Strategie setzt voraus, dass Sie die Leistungsmerkmale der einzelnen Wörter kennen.

Der Artikel *das*

Der Artikel *das* begleitet ein sächliches Hauptwort und zeigt dessen Geschlecht an. Er steht *vor* seinem Bezugswort (grau hinterlegt), wenn auch nicht unbedingt in unmittelbarer Nähe.

> Das Arbeitsverhältnis bleibt bestehen.
> Das ohne vorherige Anhörung des Arbeitnehmers gekündigte Arbeitsverhältnis bleibt bestehen.

Ob Sie es mit dem Artikel *das* zu tun haben, können Sie leicht feststellen: Er lässt sich durch *dieses* oder *jenes* ersetzen, und er weicht einem *die*, sobald Sie das Bezugswort in die Mehrzahl setzen.

Das Demonstrativpronomen *das*

Das Demonstrativpronomen *das* funktioniert wie ein Fingerzeig. Es verweist auf eine Aussage im Text oder auf einen Sachverhalt in der Welt.

> Die anfallenden Arbeiten ließen sich auch bei Abwesenheit der Klägerin ohne Schwierigkeiten erledigen. Das jedenfalls behaupten die Beklagten.

Im Beispiel bezieht sich das *das* auf den Inhalt des vorausgehenden Satzes; ein grammatisches Bezugswort ist nicht vorhanden. Das Demonstrativpronomen *das* kann durch *dies[es]* ersetzt werden.

Das Relativpronomen *das*

Das Relativpronomen *das* leitet einen Relativsatz ein, der sich auf ein sächliches Hauptwort bezieht.

> Das Arbeitsverhältnis, das ohne vorherige Anhörung des Arbeitnehmers gekündigt wurde, bleibt bestehen.

Das Relativpronomen ist – im Gegensatz zu einem Bindewort – ein sehr flexibles Verbindungselement. In Geschlecht und Zahl richtet es sich nach seinem Bezugswort. Sobald Sie das sächliche Bezugswort gegen ein männliches oder weibliches austauschen oder aber in die Mehrzahl setzen, weicht das *das* einer anderen Form (*der Arbeitsvertrag, der gekündigt wurde; die Vereinbarung, die gekündigt wurde; die Arbeitsverhältnisse, die gekündigt wurden*). Dieses Anpassungsverhalten können Sie als Test nutzen, wenn Sie unsicher sind. Oder Sie führen den Ersatztest durch: Das Relativpronomen *das* lässt sich durch *welches* ersetzen. Beachten Sie aber bitte, dass stilistisch gesehen das Relativpronomen *welches* viel schwerfälliger wirkt als ein schlichtes *das*.

Die Konjunktion *dass*

Die Konjunktion *dass* leitet einen Nebensatz ein. Sie ist ein rein funktionales Bindewort ohne eigenen Inhalt. Sie ist unveränderlich und nicht durch ein anderes Wort zu ersetzen.

Dass-Sätze sind in ihrem Stellenwert und ihrer Aussage sehr unterschiedlich. Häufig bilden sie das Objekt des übergeordneten Satzes, insbesondere nach Verben des Sagens und Meinens:

> Aling versicherte uns, <u>dass er sich sehr genau erinnert</u>.
> Ich glaube nicht, <u>dass Aling lügt</u>.
> [Frage nach dem Objekt: (Wen oder) was versicherte er uns? (Wen oder) was glaube ich nicht?]

Sie können Subjekt sein:

> <u>Dass Aling lügt</u>, tut nichts zur Sache.
> [Frage nach dem Subjekt: (Wer oder) was tut nichts zur Sache?]

Und sie können das inhaltlich schwache Verb *sein* im Prädikat ergänzen.

> Unser Vorteil ist [= gebeugte Form von *sein*], <u>dass es weitere Aussagen gibt</u>.

In all diesen Fällen besteht die Aufgabe des dass-Satzes darin, den übergeordneten Satz zu vervollständigen. In dieser Funktion ist der dass-Satz ein Inhaltssatz.

Des Weiteren kann der dass-Satz als Attribut auftreten. Oft geschieht dies in Verbindung mit Hauptwörtern wie *die Tatsache*, *die Vermutung*, *die Ansicht*.

> Die Tatsache, <u>dass Aling inkohärent redet</u>, darf uns nicht von den Fakten ablenken.

Schließlich kommt der dass-Satz auch als Adverbial (Umstandsbestimmung) vor, am häufigsten zur Angabe einer Folge. Im Konsekutivsatz (Folgesatz) ist das *dass* in der Regel mit einem *so* kombiniert: als einteilige Konjunktion *sodass* oder als Zweiteiler *so dass*. Alternativ kann das *so* im übergeordneten Satz stehen und von dort aus die Folge ankündigen.

> Die Aussage steckt voller Widersprüche, <u>sodass</u> [<u>so dass</u>] <u>sie gar nicht wahr sein kann</u>.

Die Aussage ist <u>so</u> widersprüchlich, <u>dass sie gar nicht wahr sein kann</u>.

Ebenfalls in adverbialer Funktion stehen Nebensätze, die mit *als dass*, *[an]statt dass*, *kaum dass* oder *ohne dass* eingeleitet werden:

(1) Vergleichssatz: Die Aussage ist zu widersprüchlich, <u>als dass man sie glauben könnte</u>.

(2) Adversativsatz (zum Ausdruck eines Gegensatzes): <u>Statt dass Aling zur Aufklärung beiträgt</u>, erfindet er wirre Geschichten.

(3) Temporalsatz (zum Ausdruck von Vorzeitigkeit): <u>Kaum dass eine Geschichte als unwahr entlarvt ist</u>, hat Aling die nächste Version parat.

(4) Modalsatz (zum Ausdruck der Art und Weise): Er redet und redet, <u>ohne dass wir je die Wahrheit erfahren</u>.

Zum Schluss noch zwei vorsorgliche Hinweise für die Praxis: Erstens denken Sie bitte daran, dass das *dass* durchaus auch am Satzanfang stehen kann (siehe Beispiel dass-Satz als Subjekt). Zweitens lassen Sie sich bitte von der Häufigkeit bestimmter Konstellationen – etwa *dass* nach Verben des Sagens und Meinens – nicht dazu verleiten, automatisch *dass* zu schreiben. Es kann nämlich immer auch anders kommen. Bitte vergleichen Sie:

(1) Beling argumentiert, <u>dass</u> eine Anhörungspflicht nicht auf den Fall der Verdachtskündigung beschränkt bleiben darf.

(2) Beling argumentiert, <u>das</u> Anhörungsverfahren dürfe nicht auf den Fall der Verdachtskündigung beschränkt bleiben.

Im ersten Fall geht es nach dem Hauptsatz tatsächlich mit einem dass-Satz weiter; im zweiten Fall jedoch folgt ein uneingeleiteter Nebensatz, der zufällig mit dem Artikel *das* beginnt.

Fazit: Sie können leicht und zuverlässig das richtige *das/s* treffen, wenn Sie drei Bedingungen erfüllen. Die erste Bedingung ist Kenntnis der verschiedenen Wörter mit ihren Leistungsmerkmalen. Die zweite Bedingung ist genaues Hinschauen und logisches Denken beim Schreiben. Die dritte Bedingung ist Übung. Damit können Sie jetzt weitermachen.

Das mit einem s ist entweder Artikel oder Pronomen. Diese Wörter können durch dies[es], jenes oder welches ersetzt werden. Dass mit Doppel-s ist eine Nebensatzkonjunktion. Sie ist unveränderlich und nicht durch ein anderes Wort zu ersetzen.

Übungen

Erste Übung

Bitte schließen Sie die Lücken mit einem *das* oder *dass* und geben Sie jeweils an, um welches der vier Wörter es sich handelt. Sie können dazu den folgenden Spickzettel benutzen.

A	Artikel *das*	begleitet Hauptwort	Ersatz: *dieses, jenes*
D	Demonstrativpronomen *das*	zeigt auf etwas	Ersatz: *dies[es]*
R	Relativpronomen *das*	bezieht Relativsatz auf sächliches Hauptwort	Ersatz: *welches*
K	Konjunktion *dass*	leitet Nebensatz ein; ist unveränderlich	Ersatz *nicht* möglich

1. _Das_ (A) Kind, _das_ (R) bis tief in die Nacht am Computer spielt, ist in der Schule kaum ansprechbar.

2. _____ (___) _____ (___) Kind _____ (___) darf, _____ (___) wundert mich.

3. Ich denke nicht, _____ (___) die Mutter über diese nächtlichen Sitzungen Bescheid weiß.

4. Die Mutter hat mir einmal gesagt, _____ (___) Kind sei sehr selbstständig und vernünftig, und sie fördere _____ (___), indem sie ihm vertraue.

5. Offenbar vertraut sie auch darauf, _____ (___) _____ (___) Kind beim Spielen auf die Uhr schaut.

6. Dabei sind diese Spiele viel zu spannend, als _____ (___) man von selbst aufhören könnte.

7. _____ (___) ein Kind, _____ (___) sich selbst überlassen ist, von sich aus mit dem Spielen aufhört, ist kaum zu erwarten.

8. Kinder sollten nicht am PC spielen, ohne _____ (___) sie dabei kontrolliert werden.

9. Ohne _____ (___) Vertrauen der Mutter in Frage zu stellen, kann man doch sagen, _____ (___) zumindest in diesem Fall Kontrolle besser wäre.

10. Wir sollten darauf hinarbeiten, _____ (___) _____ (___) Kind, _____ (___) sich zurzeit am liebsten in der virtuellen Welt bewegt, wieder besser in die reale Welt integriert wird.

Zweite Übung

Bitte verfahren Sie wie in der ersten Übung.

1. _Dass_ (K) ein treuer Hundeblick _____ (___) Herz anrührt, _____ (___) ist keine neue Erkenntnis. _____ (___) weiß jeder Bettler, der mit Hund und Hut in der Fußgängerzone sitzt. Neu ist jedoch, _____ (___) mit Welpen im großen Stil Geschäfte gemacht werden.

2. Tierschützer weisen darauf hin, _____ (___) vor allem in osteuropäischen Ländern eine regelrechte Welpen-Mafia entstanden ist.

3. _____ (___) diese Welpen-Mafia in Deutschland leichtes Spiel hat, ist allerdings nicht allein auf Tierliebe zurückzuführen. _____ (___) zu glauben wäre blauäugig.

4. Tatsache ist, _____ (___) es nach wie vor als schick gilt, einen Rassehund zu haben: Ein reinrassiger Lhasa Apso macht mehr her als ein gemischter Struppi. _____ (___) Struppi möglicherweise der viel robustere Hund ist, _____ (___) spielt überhaupt keine Rolle.

5. _____ (___) Verlangen nach Rassehunden bleibt und wächst, nur _____ (___) in vielen Fällen der Geldbeutel nicht mithält. Genau in dieser Kluft greift _____ (___) Modell der Welpen-Mafia, _____ (___) den Hund zum Schnäppchen macht.

6. _____ (___) Geschäft mit den Welpen, _____ (___) vor allem die Tiere teuer zu stehen kommt, läuft zum größten Teil über _____ (___) Internet. Die Kunden greifen zu, ohne _____ (___) sie irgendetwas über die Zucht erfahren.

7. Die Muttertiere werden unter übelsten Bedingungen gehalten. Ihr einziger Lebenszweck besteht darin, _____ (___) sie so viele Welpen wie möglich bekommen.

8. Die Welpen werden den Muttertieren viel zu früh weggenommen, _____ (___) erhöht den Gewinn. _____ (___) die Welpen noch gar nicht die notwendigen Abwehrkräfte und sozialen Fähigkeiten entwickelt haben, stört die Hundehändler nicht. Hauptsache, _____ (___) Geld fließt.

9. Die Welpen werden verkauft, ohne _____ (___) sie je medizinisch versorgt worden wären. Impfung, Entwurmung, Grunduntersuchung, _____ (___) alles ist Fehlanzeige.

10. Der Kunde in Deutschland bemerkt oft viel zu spät, _____ (___) _____ (___) Tier, _____ (___) er zu sich geholt hat, krank ist und soziale Probleme hat. _____ (___) bedeutet hohe Tierarztkosten und in vielen Fällen leider auch die Abschiebung ins Tierheim.

Dritte Übung

Bitte schließen Sie die Lücken mit einem *das* oder *dass* und geben Sie jeweils an, um welches der vier Wörter es sich handelt. Arbeiten Sie, wenn es eben geht, ohne Spickzettel und ohne nachzuschlagen.

1. Kaum __*dass*__ (K) _____ (___) letzte Wort geschrieben war, musste die Arbeit auch schon abgegeben werden. _____ (___) führte dazu, _____ (___) sie überdurchschnittlich viele Fehler enthielt.

2. Der Student hatte sich ausschließlich mit den Fragen beschäftigt, statt _____ (___) Ganze noch einmal zu lesen. _____ (___) machen viele Studierende so: Statt _____ (___) sie Korrektur lesen, entwerfen sie bis zur letzten Minute ihre erste Version.

3. _____ (___) eine solche Zeiteinteilung leicht schiefgehen kann, dürfte ihnen allen bewusst sein. Denn ein ungeprüfter Text birgt immer _____ (___) Risiko, _____ (___) ein Fehler den Sinn verdreht. Ein Nebensatz mit falschem Bezug, eine fehlplatzierte Verneinung, _____ (___) alles kann eine Argumentation ruinieren.

4. Wer dann geltend machen will, _____ (___) _____ (___) Richtige doch immerhin gemeint sei, wird nicht weit kommen. Was zählt, ist _____ (___), was schwarz auf weiß dasteht.

5. Nicht nur sinnentstellende Fehler bewirken, _____ (___) ein Text schlecht ankommt; auch eine Vielzahl kleiner Fehler stört _____ (___) Lesen. Eine hohe Fehlerdichte erweckt beim Leser Misstrauen, so _____ (___) er auch den Inhalt nicht ohne Vorbehalt annimmt.

Vierte Übung

Bitte verfahren Sie wie in der dritten Übung.

1. Celing ist aus der X-Partei ausgetreten, hat sein Abgeordneten-
    mandat aber behalten. _Das_ (D) und _____ (___) er
    mittlerweile der Y-Partei beigetreten ist, ist seinen ehemaligen
    Parteikollegen ein Dorn im Auge. Sie wollen, _____
    (___) Celing _____ (___) Mandat zurückgibt.

2. Celing indes vertritt die Ansicht, _____ (___) Mandat
    sei bei einem kritischen Geist allemal besser aufgehoben als bei
    einem blinden Parteigänger.

3. Er versichert, _____ (___) er _____ (___)
    Mandat, _____ (___) seine Wählerinnen und Wähler
    ihm erteilt haben, auch in Zukunft in deren Interesse ausüben
    wird.

4. _____ (___) er mit seinem Parteiwechsel Wählerinnen
    und Wähler enttäuscht haben könnte, glaubt Celing nicht. Im
    Gegenteil: Er ist überzeugt, _____ (___) _____
    (___) Wählervertrauen allein seiner persönlichen Integrität ge-
    schuldet sei. Mündige Wählerinnen und Wähler wüssten,
    _____ (___) ein Abgeordneter allein seinem Gewissen
    verpflichtet ist. Und _____ (___) sei bei ihm nun einmal
    besonders stark ausgeprägt.

5. Der Fall Celing ist ein deutliches Indiz, _____ (___) es
    in der X-Partei weiterhin kriselt. Er ist außerdem ein Indiz,
    _____ (___) die Partei sehr ernst nehmen sollte, wenn
    sie auch in der nächsten Legislaturperiode im Parlament vertreten
    sein will.

Fünfte Übung

Bitte schließen Sie die Lücken mit einem *das* oder *dass*.

1. Die Klägerin hat Zahlungen erhalten, die ihr nicht zustanden. Es
   wäre ihr ein Leichtes gewesen, zum Zeitpunkt des Erhalts der
   Zahlungen zu erkennen, _____ ihr diese nicht zustehen.
   Deshalb hat sie den zu viel erhaltenen Betrag zurückzuzahlen.
   _____ die Klägerin _____ anders sieht, mag
   aus ihrer Sicht nachvollziehbar sein; rechtlichen Schutz verdie-
   nen diese Vorstellungen allerdings nicht.

2. Im vorliegenden Fall lassen konkrete Gründe es nachvollziehbar
   erscheinen, _____ die Kläger befürchten, die Beklagten
   könnten den gemeinsamen Zuweg (teilweise) überwachen.
   _____ es technisch möglich ist, mit einer Videokamera
   länger als fünf Minuten Aufzeichnungen zu machen, ist üblich.
   _____ _____ auch bei der streitgegenständli-
   chen Kamera der Fall ist, ergibt sich aus der Bedienungsanlei-
   tung.

3. Der Kläger hat erstinstanzlich vorgetragen, der Beklagte habe
   ihm gesagt, _____ er keine Zeit habe, ihn weiter einzu-
   arbeiten, und _____ er seine Arbeit vorerst einstellen
   solle. Daraufhin habe er selbst angeboten, _____ Arbeitsverhältnis mit sofortiger Wirkung aufzuheben.

4. Die Zeugin B. hat ausgesagt, _____ sie dem Kläger
   400,-- Euro gegeben habe. Der habe _____ Geld,
   _____ er nicht einmal nachgezählt habe, in die Hosen-
   tasche gesteckt und sei verschwunden, ohne _____ sie
   Gelegenheit gehabt hätte, eine Quittung auszustellen. Ob die
   Herausgabe der 400,-- Euro notiert worden sei, _____
   wisse sie nicht mehr.

5. Die Zeugin C. hat ausgesagt, _____ _____
Personal nach Ladenschluss die Einnahmen bei ihr abgebe.
_____Geschäft, _____schon einmal überfal-
len worden sei, komme als Aufbewahrungsort nicht mehr in Frage. Stattdessen nehme sie _____ Geld mit nach Hause
und bringe es am nächsten oder übernächsten Tag zur Bank. In
der Regel laufe der Zahlungsverkehr über _____ Kon-
to, so _____ Barauszahlungen eher selten seien.

Sechste Übung

Bitte verfahren Sie wie in der fünften Übung.

1. So entspricht es dem Willen des Gesetzes, _____diesen
Sachverhalt regelt.

2. Entscheidend für die vorliegende Frage ist der in den Normen
der Betriebsverfassung zum Ausdruck kommende Wille des Gesetzes, _____ die Belange des Arbeitnehmers ein
Sprachrohr erhalten, bevor der Arbeitgeber die beabsichtigte
Kündigung ausspricht.

3. Das Gericht verkennt nicht, _____es hiermit zumindest
im Ergebnis der Rechtsprechung des Bundesarbeitsgerichtes wi-
derspricht. _____Bundesarbeitsgericht hat in mehreren
Entscheidungen eine Anhörung des Arbeitnehmers als generelle
Wirksamkeitsvoraussetzung einer Kündigung verneint und dies
u. a. damit begründet, _____ der wichtige Grund im
Sinne des § 626 BGB und die soziale Rechtfertigung einer Kündigung im Sinne von § 1 Kündigungsschutzgesetz vom objekti-
ven Vorliegen entsprechender Tatsachen abhängen, ohne
_____ es auf den subjektiven Kenntnisstand des Kündigenden ankomme.

4. _____ die Anhörung des Arbeitnehmers vor und nicht
   erst nach der Kündigung erfolgen muss, ergibt sich daraus,
   _____ nach Sinn und Zweck der Gesetzesvorschrift
   dem Arbeitnehmer die Möglichkeit eingeräumt werden soll, die
   Entscheidung des Arbeitgebers in seinem Sinne zu beeinflussen.

5. In diesem Urteil vertritt das Arbeitsgericht die Auffassung,
   _____ in einem Betrieb ohne Betriebsrat der Arbeitgeber einen Arbeitnehmer vor einer Kündigung persönlich anhören
   muss. _____ _____ Urteil, _____
   eine neue Hürde für Kündigungen schafft, auf geteilte Meinungen stoßen würde, war abzusehen.

Sechste Lektion
Rechtschreibung: Groß- und Kleinschreibung erkennen

Diese Lektion vermittelt Ihnen Sicherheit in der Groß- und Kleinschreibung. Im Vordergrund stehen dabei die Substantivierungen. Das sind die Fälle, in denen Wörter, die von der Wortart her kein Substantiv sind, im Satz die Rolle eines Substantivs übernehmen. Auch mehrteilige Fügungen können in diese Rolle versetzt werden; es entstehen dann Zusammensetzungen oder Aneinanderreihungen mit Bindestrich. Des Weiteren geht es um Zeitangaben und um das Vorgehen beim Doppelpunkt und bei Einschüben.

Nutzwert

Sicherheit in der Groß- und Kleinschreibung erlaubt es Ihnen, zügiger zu schreiben und sich mehr auf die Inhalte zu konzentrieren. Ein korrektes Ergebnis gehört mit zu einem gepflegten Erscheinungsbild. Fehler in diesem Bereich werden zwar in den seltensten Fällen das Verständnis behindern, aber sie lassen den Text flüchtig, nachlässig und unzuverlässig wirken. Das alles sind Attribute, die gerade in einem Rechtsberuf nicht vorkommen dürfen. Dort ist das Gegenteil gefragt: Sorgfalt, Genauigkeit und äußerste Zuverlässigkeit. Genau diese Attribute zeigen Sie mit fehlerfreien Texten. Die signalisieren Ihrem Gegenüber, dass Sie wissen, was Sie tun.

Sicherheit in der Groß- und Kleinschreibung lohnt sich übrigens auch dann, wenn Sie Ihre Texte nicht selbst schreiben, sondern schreiben lassen. Dann sollten Sie nämlich immer noch in der Lage sein, Korrektur zu lesen und Fehler zu korrigieren. Denn die Verantwortung für Ihre Texte, die tragen Sie.

Merkmale des Substantivs

Das Substantiv (Hauptwort, Nomen) ist die einzige Wortart im Deutschen, die immer großgeschrieben wird. Die Wörter aller anderen Wortarten werden kleingeschrieben.

Substantive sind vor allem daran zu erkennen, dass sie ein unveränderliches Genus (grammatisches Geschlecht) haben: Maskulinum (männlich), Femininum (weiblich) oder Neutrum (sächlich). Das Geschlecht wird mit dem Artikel (Geschlechtswort) angezeigt. Substantive werden je nach Verwendung im Satz dekliniert (gebeugt). Deklination bedeutet, dass Numerus (Zahl) und Kasus (Fall) festgelegt werden. Die vier Fälle sind Nominativ (Werfall), Genitiv (Wesfall), Dativ (Wemfall) und Akkusativ (Wenfall). Und so sehen sie im Satz aus:

(1) **Nominativ** (*wer oder was?*): <u>Der Täter</u> flieht. / <u>Die Täter</u> fliehen.
(2) **Genitiv** (*wessen?*): Die Beschreibung <u>des Täters</u> / <u>der Täter</u> erleichtert die Fahndung.
(3) **Dativ** (*wem?*): Die Polizei ist <u>dem Täter</u> / <u>den Tätern</u> auf der Spur.
(4) **Akkusativ** (*wen oder was?*): Zeugen haben <u>den Täter</u> / <u>die Täter</u> erkannt.

Typische Begleiter des Substantivs sind außer dem Artikel noch Pronomen (Fürwörter) oder Adjektive (Eigenschaftswörter). Auch Präpositionen (Verhältniswörter) – Wörter wie *an*, *in*, *auf*, *zu*, *gegen* – ziehen in der Regel ein Substantiv nach sich.

Das Substantiv hat ein festes Geschlecht. Im Fall und in der Zahl richtet es sich nach seiner Rolle im Satz.

Substantivierungen

Substantivierungen liegen dann vor, wenn Wörter, die nicht Substantiv sind, im Satz die Rolle eines Substantivs übernehmen. Sie werden dann wie ein Substantiv behandelt und entsprechend großgeschrieben.

Substantivierungen machen einen großen Teil der Großschreibung aus, und sie bringen ein hohes Fehlerpotenzial mit sich. Dafür sind im Wesentlichen zwei Gründe verantwortlich. Erstens ist das Ausgangsmaterial sehr uneinheitlich. Für die Substantivierung kommen nämlich alle möglichen Wortarten in Frage. Zweitens kann man Substantivierungen nirgendwo nachschlagen. Da sie sich erst beim Schreiben ergeben, muss man sie selbst erkennen. Sehen Sie sich zunächst einige Beispiele an.

(1) **Verb**: Aling geht gerne <u>klettern</u>. → Im Klettern ist er geübt.
(2) **Adjektiv**: Er achtet auf <u>leichte</u> Kost. → Er bevorzugt etwas Leichtes.
(3) **adjektivisch gebrauchtes Partizip**: Er isst gerne <u>gegrillten</u> Tofu. → Er mag alles Gegrillte.

(4) **Adverb**: Er trainiert <u>jetzt</u>. → Er konzentriert sich ganz auf das Jetzt.
(5) **Konjunktion**: Er fragt sich, <u>ob</u> er den Gipfel erreicht. → Ihm geht es vor allem um das Ob, nicht so sehr um das Wie.
(6) **Präposition**: Das Wetter spricht <u>für</u> eine Umkehr. → Der Bergführer muss das Für und Wider einer Umkehr sorgfältig abwägen.

In allen sechs Sätzen ist die Substantivierung deutlich angezeigt, und zwar durch den Artikel oder ein Pronomen. Im ersten Satz ist der Artikel mit einer Präposition zusammengezogen und deshalb etwas versteckt: *im (= in dem) Klettern*. Diese Kombination kommt bei Verben häufig vor: *Beling hat <u>am (= an dem) Klettern</u> kein Interesse mehr. Denn er hat sich <u>beim (= bei dem) Klettern</u> verletzt. Er rät seinem Sohn <u>vom (= von dem) Klettern</u> ab.*

Im zweiten und dritten Satz weisen die unbestimmten Pronomen *etwas* und *alles* auf die Substantivierung hin: *etwas Leichtes, alles Gegrillte*. Diese Kombination ist bei Adjektiven häufig anzutreffen: *Celing isst <u>viel Süßes</u>, <u>wenig Salziges</u> und grundsätzlich <u>nichts Fettes</u>. Er weiß <u>allerlei Neues</u> zu berichten.*

Der Artikel und die anderen typischen Begleiter des Substantivs machen es leicht, Substantivierungen zu erkennen. Allerdings sind solche Signalwörter nicht immer vorhanden. In diesen Fällen und überhaupt bei Zweifeln können Sie Sicherheit erlangen, indem Sie einen einfachen Ersatztest durchführen: Prüfen Sie, ob Sie an der fraglichen Stelle ein originäres Substantiv einsetzen können. Wenn das Substantiv passt, dann ist eine Substantivierung angesagt, also Großschreibung. Hier zum Beispiel geht der Test auf: *Deling hat als Erster / als Anführer mitgemacht. Über ihn hört man nur Gutes / nur Lob.*

Substantivierungen haben die Merkmale eines Substantivs. Sie treten mit den typischen Begleitern des Substantivs auf, und sie können durch ein Substantiv ersetzt werden.

Zusammensetzungen

Zusammensetzungen entstehen dann, wenn nicht nur ein einzelnes Verb substantiviert wird, sondern eine Fügung mit Verb. Eine Fügung ist eine Wortgruppe, die eine Einheit bildet. Bei der Substantivierung von Fügungen werden deren Teile zusammengezogen. Das sieht so aus:

(1) Aling will ohne Helm <u>Rad fahren</u>. → Er ist gegen die Helmpflicht beim Radfahren.
(2) Das Gesetz wird am 1. Juli <u>in Kraft treten</u>. → Mit Inkrafttreten des Gesetzes wird sich einiges ändern.
(3 Es ist fraglich, ob eine Einigung <u>zustande kommt</u>. → Das Zustandekommen einer Einigung ist fraglich.

Aneinanderreihungen mit Bindestrich

Aneinanderreihungen mit Bindestrich sind dann angesagt, wenn eine Fügung so umfangreich ist, dass eine Substantivierung als Zusammensetzung unübersichtlich oder gar unlesbar wäre. Das ist in der Regel schon ab drei Gliedern der Fall:

(1) Aling hat sich Belings Kritik <u>zu eigen gemacht</u>. → Ist das Zu-eigen-Machen fremder Kritik eine kritische Meinung?
(2) Beling will nicht länger <u>von der Hand in den Mund leben</u>. → Er kann das Von-der-Hand-in-den-Mund-Leben seiner Familie gegenüber nicht länger vertreten.

Das erste Wort der Aneinanderreihung wird großgeschrieben, um die Substantivierung sichtbar zu machen. Innerhalb der Aneinanderreihung werden nur die Substantive und das substantivierte Verb großgeschrieben. Der Rest wird kleingeschrieben.

Zeitangaben

Zeitangaben können als Adverb auftreten (*heute, abends*), dann werden sie kleingeschrieben. Sie können als Substantiv auftreten (*Dienstag, Abend*), dann werden sie großgeschrieben. Sie können kombiniert werden (*heute Abend, dienstagmorgens*), dann stellt sich neben der Frage der Groß- und Kleinschreibung auch noch die Frage der Getrennt- und Zusammenschreibung. Das alles können Sie zwar nachschlagen, aber schneller geht's, wenn Sie die Schreibweisen kennen. Hier sind sie im Überblick:

(1) **Substantiv**: Der Vorfall ereignete sich am <u>Dienstag</u>, dem 13.05.20xx.
(2) **Substantiv im Genitiv**: Am Morgen des <u>Dienstags</u> bemerkte Aling etwas Ungewöhnliches.
(3) **Adverb**: Aling geht <u>dienstags</u> früh aus dem Haus.
(4) **zwei getrennte Adverbien**: Normalerweise geht er <u>dienstags</u> <u>abends</u> ins Sportstudio.

(5) **ein zusammengezogenes Adverb**: Dort ist <u>dienstagabends</u> nicht so viel Betrieb.

(6) **ein zusammengezogenes Substantiv**: An jenem <u>Dienstagabend</u> war das anders.

(7) **Adverb + Substantiv**: Er hat den Vorfall <u>gestern Abend</u> gemeldet.

Die Adverbien erkennen Sie am Endungs-s, die Substantive an der Beugung und an ihren Begleitwörtern. Aus der Rolle fällt lediglich die siebte Kombination: *gestern Abend, heute Morgen, morgen Mittag*. Die sollten Sie einfach hinnehmen und nicht mehr vergessen. Wenn Sie sich gleich alle Formen einprägen möchten, können Sie den folgenden Überblick nutzen:

Großschreibung	Kleinschreibung.
der Morgen, der Mittag, am Nachmittag, gegen Abend	morgens, frühmorgens, mittags, nachmittags, abends, spätabends
am Dienstag, eines Dienstags	[immer] dienstags
am Dienstagabend	dienstagabends dienstags abends
Dienstag früh	dienstags früh
sieben Tage lang	tagelang
den ganzen Tag über	tagsüber
am Tag darauf, am Tag zuvor	tags darauf, tags zuvor
	gestern, seit gestern, heute, morgen, bis morgen, auf morgen [verschieben]
	heutzutage
	morgen früh

gestern Abend, heute Morgen, morgen Mittag

Doppelpunkt

Der Doppelpunkt ist ein Ankündigungszeichen: Er kündigt nähere Ausführungen an, wörtliche Rede oder auch Aufzählungen. Für die Groß- und Kleinschreibung nach dem Doppelpunkt gilt die folgende Regel: Wenn nach dem Doppelpunkt ein ganzer Satz folgt, wird großgeschrieben. Folgen lediglich einzelne Wörter oder Wortgruppen, dann wird je nach Wortart groß- oder kleingeschrieben.

(1) Die Nachbarn Aling und Beling einigen sich folgendermaßen: Sie verzichten auf einen Zaun und pflanzen stattdessen eine Hecke.

(2) Aling und Beling haben noch einiges zu klären: die Art der Grenzbepflanzung, die Zuständigkeit für deren Pflege und den Standort der Mülltonnen.

Parenthesen

Parenthesen sind eingeschobene Wörter, Wortgruppen oder Sätze; sie stehen außerhalb des eigentlichen Satzverbandes. Parenthesen beginnen mit Kleinschreibung, es sei denn, das erste Wort ist nach einer anderen Regel großzuschreiben. Diese Regel gilt auch dann, wenn es sich bei dem Einschub um einen ganzen Satz handelt. Als Satzzeichen kommen Kommas, Klammern und Gedankenstriche in Frage.

(1) Aling und Beling, so erzählen es die Nachbarn, liegen seit Jahren im Streit.

(2) Aling und Beling (sie hatten jahrelang gestritten) einigten sich auf eine Grenzbepflanzung.

(3) Der jahrelange Streit – wir hatten darüber berichtet – war auf ein Missverständnis zurückzuführen.

Übungen

Erste Übung

In dieser Übung geht es um die Substantivierung von Verben. Bitte unterstreichen Sie die Verben, die großzuschreiben sind.

1. Zum <u>üben</u> können Sie den folgenden Fall heranziehen: „Die Himalaya-Bergtour". Er ist hervorragend geeignet, um die Groß- und Kleinschreibung zu üben.
2. Ein Reiseveranstalter, der sich auf das besteigen hoher Berggipfel spezialisiert hat, bietet eine Himalaya-Bergtour an. Die Reise wird von acht Personen gebucht, die alle im klettern erfahren sind.
3. Schon bei der Ankunft in der tibetischen Hauptstadt Lhasa fangen die Probleme an: Das chinesische Militär entdeckt an einem Gepäckstück eine aufgenähte tibetische Flagge und beginnt daraufhin Verhöre, die die Gruppe für mehrere Tage in Lhasa festhalten.
4. Die Gruppe kommt erst mit einigen Tagen Verspätung im Basislager an und verbringt dort weitere Tage, um sich an die Höhe zu gewöhnen. Ohne solches akklimatisieren ist an ein weiteres aufsteigen gar nicht zu denken.
5. Als die Gruppe endlich zum Gipfel aufgebrochen ist, erhält der Bergführer die Nachricht, dass für die nächsten Tage heftige Stürme angekündigt sind. Er wägt die Gefahren ab und entscheidet sich fürs umkehren.
6. Teilnehmer A protestiert energisch. Er ist schon zweimal zuvor vom besteigen eines Achttausenders abgehalten worden und will diesmal auf biegen und brechen den Gipfel erreichen.
7. Der Bergführer bleibt bei seiner Entscheidung; die Gruppe tritt den Rückweg an. Kurz vor erreichen des Basislagers, in Gelände, das ein anseilen nicht erforderlich macht, gerät sie in einen Schneesturm. Teilnehmer C, welcher der Letzte der Gruppe ist, verschwindet im Schneetreiben. Teilnehmer A registriert sein verschwinden, unternimmt aber nichts, da er selbst Angst um sein Leben hat. Ob er tatsächlich den Tod oder gesundheitliche Schäden riskiert hätte, ist im Nachhinein nicht zu klären.
8. Eine Frage ist, ob für Teilnehmer A eine Pflicht zu handeln bestand. Da Teilnehmer A und Teilnehmer C Mitglieder einer Gefahrengemeinschaft waren, bestand eine Pflicht zum eingreifen des A.

9. Fraglich ist, ob das hineingeraten in den Schneesturm und die damit zusammenhängenden Ereignisse als Reisemangel gewertet werden können.

10. Wer klettern lernen will, sollte nicht nur Indoorkurse besuchen, sondern sich auch der Natur aussetzen. Er sollte sich ferner darüber im Klaren sein, dass es beim klettern ein hohes Verletzungsrisiko gibt.

Zweite Übung

In dieser Übung geht es um die Substantivierung von Adjektiven und adjektivisch gebrauchten Partizipien. Bitte unterstreichen Sie die Adjektive und Partizipien, die großzuschreiben sind. Dazu ein Tipp: Fragen Sie immer, was das Adjektiv bzw. Partizip tut. Begleitet es ein Substantiv? Dann wird es kleingeschrieben. Ersetzt es ein Substantiv? Dann wird es großgeschrieben.

1. Die Eigentümergemeinschaft beschließt, die Fassade gelb zu streichen. Was für ein <u>gelb</u> es sein soll, das entscheidet der Gestaltungsausschuss in Absprache mit dem beauftragten Maler.

2. Der Maler empfiehlt ein zartes maisgelb, weil das am besten zu den Häusern der Nachbarschaft passt. Etwas allzu grelles würde das Gesamtbild stören. Im übrigen würde eine grelle Farbe auch gar nicht genehmigt werden. Die Straße als ganzes steht unter Denkmalschutz, sodass entsprechende Vorgaben zu beachten sind.

3. Der Gestaltungsausschuss legt Wert auf eine umweltverträgliche Farbe, auch wenn diese teurer ist. Langfristig zahlt sich etwas teureres ohnehin besser aus als etwas billiges.

4. Die Freude über einen billigen Preis währt kürzer als der Ärger über billige Arbeit. Dass das billige irgendjemanden in der Kette teuer zu stehen kommt, dürfte jedem klugen Menschen klar sein.

5. Doch leider sind sich viele Menschen nicht darüber im klaren, was sie mit dem Hang zum billigen anrichten. Das gilt besonders für die Nahrungsmittelindustrie. Hier bezahlen die schwächsten den Preis: die Tiere.

6. Sie werden unter üblen Bedingungen gehalten. Noch übler – wenn das überhaupt möglich ist – geht es auf den Transporten zu. Hier wird noch einmal alles mögliche getan, um den Tieren maximalen Gewinn abzuringen. Entsprechend eng werden sie geladen; auf Füttern und Tränken wird auch auf langen Strecken verzichtet.

7. Auf den Schlachthöfen sind überwiegend schlecht bezahlte und nicht qualifizierte Lohnarbeiter beschäftigt. Wie alle unterbezahlten verabscheuen sie ihre Arbeit, und das lassen sie an denen aus, die noch schlimmer dran sind als sie: an den Tieren. Spätestens hier sollte man sich ein paar Gedanken darüber machen, was genau das geile am Geiz ist.

8. In Deutschland entfallen nur 11,5 Prozent der privaten Konsumausgaben auf Nahrungsmittel. Das ist bei weitem weniger als etwa in Frankreich oder in Italien. Die Deutschen sparen also am wichtigsten, an dem, was den größten Einfluss auf Gesundheit und Umwelt hat. Dabei könnten sie ohne weiteres mehr für Essen und Trinken ausgeben. Am wichtigsten in der Ernährungsfrage ist nicht das Geld, sondern das Bewusstsein.

9. Die meisten Menschen lassen sich nur ungern in ihre Essgewohnheiten hineinreden; die sind für sie etwas höchstpersönliches. Das ist einerseits verständlich, andererseits bedauerlich. Denn immerhin ist in Deutschland fast jeder zweite übergewichtig. Und wenn jeder zweite deutsche übergewichtig ist, dann läuft etwas schief.

10. Im wesentlichen sind zwei Faktoren für das Übergewicht verantwortlich: die ständige Verfügbarkeit hochkalorischer Lebensmittel und der Mangel an Bewegung. Darüber muss die Gesellschaft weiter aufgeklärt werden. Am besten fängt diese Aufklärung in der Schule an. Denn Kinder sind eindeutig die besten, wenn es darum geht, altes zu verabschieden und neues zu verwirklichen.

Dritte Übung

In dieser Übung geht es um die Substantivierung von Fügungen. Dabei ist nicht nur die Groß- und Kleinschreibung zu beachten, sondern auch die Frage, ob eine Zusammensetzung gebildet wird oder eine Aneinanderreihung mit Bindestrich. Bitte überlegen Sie, wie die Sequenzen, die in Klammern dastehen, zu schreiben sind.

1. Das [außer Acht lassen] _Außerachtlassen_ der Sicherheitsvorschriften gefährdet Leib und Leben der Teilnehmer.

2. Fraglich ist, ob das [nicht erreichen] _____ des Gipfels ein Reisemangel ist.

3. Abgesehen von allen juristischen Fragen bedeutet das [zurück-
gelassen werden] _____ im Schnee einen grausamen
Tod.

4. Offenbar ist es mit dem [an einem Strang ziehen] _____
bei den Reisegruppen nicht weit her, doch genau darauf kommt
es beim Bergsteigen an.

5. Bei widrigen Bedingungen ist das [zutage treten] _____
unverhohlener Ichsucht nur eine Frage der Zeit.

6. Wenn das [Kollegen ärgern] _____ zu weit geht, kann
es leicht in Mobbing ausarten.

7. Es war durchaus kein Spaß mehr, die Frau beim [spazieren ge-
hen] _____ in Angst und Schrecken zu versetzen.

8. Aling will nicht gerne im Dunkeln Auto fahren, denn beim [Auto
fahren] _____ im Dunkeln hatte er bereits mehrere Un-
fälle.

9. Belings häufiges [zu nahe kommen] _____ mag zwar
nichts Persönliches sein; trotzdem ist es zum [auf und davon
laufen] _____.

10. Die Nachbarn Celing und Deling streiten wegen einer Videokamera, die Deling auf einer Fensterbank im Inneren seines Hauses
deponiert hat. Bei diesem Gerät startet die Aufnahme beim ersten
Drücken der Start/Stop-Taste. Aufnahmen sind dann auch ohne
das [in der Hand halten] _____ der Kamera möglich.

Vierte Übung

Hier können Sie das Thema Substantivierung vertiefen. Außer dem
ersten Wort im Satz ist alles kleingeschrieben. Bitte setzen Sie für
Substantive und Substantivierungen Großschreibung ein.

1. Das mitbringen von hunden zur arbeit ist ein heikles thema, das
durchaus auch vor gericht landen kann.

2. So musste sich das arbeitsgericht düsseldorf vor kurzem mit dem Fall der dreibeinigen hündin kaya beschäftigen, die mit ihrem knurren und zähnefletschen die mitarbeiter einer düsseldorfer werbeagentur das fürchten lehrte.

3. Kaya, eine selbstbewusste sie mit drei beinen, begleitete ihr frauchen, assistentin der geschäftsführung, schon seit jahren zur arbeit. Auch andere kollegen durften ihre lieben mitbringen. In kayas fall allerdings traute sich kaum noch jemand, das büro zu betreten, denn das betrachtete kaya als ihr eigen. Bei den kollegen regte sich unmut.

4. Das einschalten eines tiertrainers blieb ohne erfolg. Sein tipp an frauchen, kaya beim herannahen eines kollegen mit leckerlis abzulenken, erwies sich als impraktikabel. Denn beim telefonieren oder schreiben war der gezielte wurf mit leckerlis nicht immer machbar.

5. Überhaupt sah kayas frauchen in deren verhalten nichts schlimmes; schließlich sei revierverteidigung ein natürliches verhalten bei hunden. Die kollegen seien selbst schuld, wenn sie damit nicht umgehen könnten.

6. Mittlerweile muss kaya ihr revierverhalten andernorts ausleben, denn das gericht entschied, dass sie nicht länger mitkommen darf ins büro. Auf diesen tag hatten die kollegen seit langem gewartet.

7. Das miteinander von hund und mensch im büro kann nur dann gelingen, wenn alle beteiligten einverstanden sind. Dieses einverständnis sollte man unbedingt im voraus einholen; so spart man sich viel ärger im nachhinein.

8. Als erstes sollte man bei den kollegen vorfühlen, wie die zu vierbeiniger gesellschaft stehen. Sie sollten sich ohne wenn und aber auf das neue mitglied im team einlassen. Wenn auch nur einer angst hat oder hunde bei regen nicht riechen kann, wird das zusammensein schiefgehen.

9. Außerdem muss unbedingt der chef zustimmen. Das mitbringen von tieren ohne seine erlaubnis kann eine abmahnung zur folge haben.

10. Wer einen welpen mitbringen möchte, sollte dessen besondere bedürfnisse beachten. Die kleinen wollen spielen, sie zerfressen alles mögliche, was nicht zum fressen vorgesehen ist, und sie müssen alle zwei Stunden ausgeführt werden.

Fünfte Übung

Hier haben Sie Gelegenheit, Zeitangaben zu üben. Entscheiden Sie,
wie die Sequenzen in Großbuchstaben zu schreiben sind: groß oder
klein, getrennt oder zusammen. Lassen Sie sich dabei von etwaigen
Ähnlichkeiten nicht in die Irre führen. Konzentrieren Sie sich lieber
auf die Frage, ob ein Substantiv vorliegt (mit den Ihnen bekannten
Merkmalen) oder ein Adverb.

1. Den Termin am DONNERSTAGVORMITTAG *Donners-*
   tagvormittag kann ich leider nicht wahrnehmen, da ich
   DONNERSTAGSMORGENS _____ an
   der Fachhochschule unterrichte.

2. Wir können uns gerne MORGEN _____ treffen. Am
   MORGEN _____ nehme ich an einer Besprechung teil,
   MITTAGS _____ gehe ich mit einem Kollegen essen,
   doch am NACHMITTAG _____ hätte ich Zeit.

3. Die Befragte erinnert sich sehr genau an den MORGEN
   _____ des MITTWOCHS _____ vor Ostern.
   Denn an diesem Tag sollte sie MORGENS _____ um
   neun einen Zahn gezogen bekommen. Hätte sie diesen Zahnarzt-
   termin nicht gehabt, dann wäre sie wie immer MITTWOCH-
   MORGENS _____ bei der Arbeit gewesen.

4. Als DIENSTAGFRÜH _____ die Verhandlungen begannen, hofften beide Seiten auf einen tragfähigen Kompromiss.
   Umso größer war die Enttäuschung, als GESTERNABEND
   _____ die Ergebnisse bekannt wurden. Die
   ersten Kommentare HEUTEFRÜH _____ rügten die
   Starrköpfigkeit beider Parteien.

5. Die Klägerin hatte am Montag den ganzen TAGÜBER
   _____ schwere Gegenstände heben müssen. Deshalb
   hatte sie TAGSDARAUF _____ Rückenschmerzen
   und war nicht voll belastbar.

6. Die Kinder werden TAGSÜBER _____ von einer Tagesmutter betreut; ab 17:00 Uhr sind Mutter oder Vater da. Zweimal die Woche – DIENSTAGSUNDFREITAGSABENDS _____ – kommt zusätzlich ein Babysitter. Diese ABENDE _____ haben die Eltern für sich reserviert.

7. Die Gespräche hatten von MORGENS _____ bis ABENDS _____ gedauert. Am Ende des ABENDS _____ waren sich alle einig.

8. Aling hatte das abgepackte Fleisch sieben TAGELANG _____ im Kühlschrank aufbewahrt. Zum Zeitpunkt der Zubereitung war das Mindesthaltbarkeitsdatum noch nicht erreicht. Dennoch hatte er nach dem Verzehr TAGELANG _____ Magen- und Darmprobleme.

9. Als es GESTERNMITTAG _____ in der Kantine Hackfleischbällchen gab, winkte Aling ab. Er findet, dass HEUTZUTAGE _____ ohnehin zu viel Fleisch gegessen wird.

10. Der Abgeordnete Beling hatte SEINERZEIT _____ davor gewarnt, das Projekt einzustellen. Mit seiner Unterstützung für das Projekt war er SEINERZEIT _____ weit voraus.

Sechste Übung

In den folgenden Textpassagen ist alles kleingeschrieben. Bitte markieren Sie, wo Großschreibung angesagt ist.

1. grünmann war nach abschluss seiner gärtnerausbildung in der städtischen gärtnerei nicht übernommen worden, obwohl ein entsprechender arbeitsplatz vorhanden war. dieser wurde befristet vergeben, weil eine hohe zahl von beschäftigten dauerhaft krank war. der befristet eingestellte wurde nach der rückkehr eines erkrankten gleich auf der stelle eines weiteren erkrankten eingesetzt. es bestand also ein dauerhafter personalbedarf zur vertretung der erkrankten beschäftigten.

2. die arbeitgeberseite führt zum thema des vorhandenseins freier arbeitsplätze infolge einer erhöhten anzahl von krankheitsfällen folgendes aus: im gesamten jahr 20xx seien drei von 24 mitarbeitern von langzeiterkrankungen betroffen gewesen. die fehlende arbeitskraft der kranken sei durch externe vergaben kompensiert worden und es sei eine befristete kraft als krankheitsvertretung eingestellt worden. diese vertretung sei im übrigen auch grünmann angeboten worden. dieser habe jedoch abgelehnt.

3. des weiteren sei zu berücksichtigen, dass sich die einsatzmöglichkeiten verändert hätten: schon seit längerem sei die neuanlage von grünbereichen und spielplätzen hinter die pflege des bestehenden zurückgetreten. jetzt seien vor allem die folgenden aufgaben zu vergeben: mähen von rasenflächen, pflege von straßenbegleitgrün, schneiden von hecken, zupfen von unkraut. diese aufgaben könne man ohne weiteres angelernten kräften übertragen.

4. das instandhalten der grünflächen wird für viele städte aufgrund knapper kassen immer mehr zum problem. auch bei vielen bürgern schwindet die lust auf grün, wenn es ans finanzieren der pflege geht. eine möglichkeit des kostensparens besteht darin, einjährige pflanzen durch mehrjährige zu ersetzen.

5. in einigen stadtvierteln haben die anwohner das begrünen ihrer umgebung selbst in die hand genommen. besonders effektiv ist das bepflanzen von baumscheiben. der baum profitiert gleich mehrfach: durch die zusätzlichen wassergaben und das auflockern und durchlüften des bodens. der mensch profitiert nicht weniger: er hat etwas grünes vor der tür, und das ist allemal besser als tristes grau.

Siebte Lektion
Ausdruck: Funktionen beachten

Diese Lektion hilft Ihnen, sich in der Rechtssprache zu bewegen, ohne ins Kanzleideutsch zu verfallen. Dazu werden die Merkmale, die im Kanzleideutsch zusammenkommen und negativ auffallen, in ihren eigentlichen Funktionen betrachtet. Im Einzelnen geht es um die nominale Ausdrucksweise, um Genitive und um das Passiv. Ein weiteres Thema ist die geschlechtergerechte Sprache. Hier besteht die Aufgabe darin, Frauen und Männer gleichermaßen sichtbar zu machen, ohne jedoch die Verständlichkeit zu beinträchtigen.

Nutzwert

Die Beschäftigung mit dieser Lektion bewahrt Sie vor einem doppelten Irrtum: vor einer falsch verstandenen Wissenschaftssprache und vor einer falsch verstandenen Rechtssprache. Viele Studierende denken, da sie nun im Studium seien, müsse auch ihre Sprache gebildeter klingen. Also konstruieren sie eine vermeintlich gebildete Sprache, die weit entfernt ist von einem natürlichen Sprachgebrauch und die in schlimmen Fällen sogar den Inhalt vernebelt. Bei Studierenden in juristischen Fächern kommt erschwerend hinzu, dass sie Rechtssprache lesen und versuchen, deren Eigenheiten nachzuahmen – unabhängig davon, ob sie nun gerade passen oder nicht. Dabei besteht der tatsächliche Auftrag sowohl in der Wissenschaft als auch später in einem Rechtsberuf darin, dass Sie Sachverhalte klar, verständlich und möglichst einfach darstellen. Diese Art der Darstellung hat einen nicht zu vernachlässigenden Nebeneffekt: Klarheit im Ausdruck fördert die Klarheit im Denken.

Rechtssprache vs. Kanzleideutsch

Rechtssprache ist eine Fachsprache. Sie erlaubt es Juristen, sich in ihrem Fach präzise, eindeutig und effektiv zu verständigen. Dazu bedient sie sich eigener Fachbegriffe und Formulierungen. Diese werden konsequent und ausschließlich im festgelegten Sinne verwendet. Rechtssprache ist abstrakt, wenn sie eine Vielzahl möglicher Anwendungsfälle zulassen muss, so wie das etwa bei Gesetzen der Fall ist. Sie ist komplex, wenn sie eine Vielzahl von Umständen und

Merkmalen, so etwa Voraussetzungen und Einschränkungen, genau benennen muss. Dies tut sie in konzentrierter Form, sodass die Sätze eine hohe Informationsdichte aufweisen. All diese Merkmale zusammen führen dazu, dass die Rechtssprache aus Sicht der Gemeinsprache als schwierig empfunden wird.

Kanzleideutsch ist die abwertende Bezeichnung für einen pompösen und umständlichen Schreibstil. Zu dessen wesentlichen Merkmalen gehört das unnötig gehäufte Auftreten folgender Konstruktionen:

- Nominalphrasen statt Verben
  einer Prüfung unterziehen statt *prüfen*
  das Entsagen bzw. Entziehen von Leistungen statt
  Leistungen entsagen bzw. entziehen
- (die damit einhergehenden) Genitive
  die Einreichung der Unterlagen zur Beantragung der Leistung
  statt *die Unterlagen einreichen, um die Leistung zu beantragen*
  die Aufrechterhaltung des Vorwurfs der Missachtung der Hausordnung statt *den Vorwurf aufrechterhalten, die Hausordnung werde missachtet*
- Passiv statt Aktiv
  hiermit werden die Unterlagen zurückgesandt statt *hiermit senden wir die Unterlagen zurück*
  es wird empfohlen, sie aufzubewahren statt *wir empfehlen Ihnen, sie aufzubewahren*

Die genannten Konstruktionen an sich sind *nicht* negativ belegt; sie alle haben ihren Sinn und Zweck. Negativ auffällig werden sie nur dann, wenn sie – wie eben im Kanzleideutsch – ohne Grund und ohne Maß eingesetzt werden. Denn dann entsteht ein aufgeblähter Stil, der dem Inhalt nichts Gutes tut.

Kanzleideutsch wird ebenso wie die Rechtssprache gemeinhin als schwierig empfunden, und in der Tat weisen die beiden einige äußere Ähnlichkeiten auf. Der wesentliche Unterschied liegt in der Funktionalität der jeweiligen Ausdrucksweisen: Im Kanzleideutsch sind die Konstruktionen aufgesetzt; sie machen die Dinge unnötig kompliziert. In der Rechtssprache dagegen sind sie oft notwendig, um komplexe Inhalte richtig und präzise darzustellen. Die Darstellung strebt immer zum Einfachen hin.

Damit Rechtssprache nicht zum Kanzleideutsch wird, sollten aufwändige Konstruktionen stets auf ihre Funktion hin überprüft werden. Nur wenn sie dem Inhalt dienen, sind sie angemessen. Ansonsten sollten sie einfacheren Konstruktionen weichen.

Kanzleideutsch ist ein aufgesetzter Stil; er macht die Dinge unnötig kompliziert. Rechtssprache ist eine Fachsprache. Sie muss komplexe Inhalte rechtssicher darstellen und nutzt dazu einen möglichst einfachen Stil.

Nomen oder Verb

Nomen (Substantive, Hauptwörter) lassen sich in zwei inhaltliche Gruppen einteilen: Konkreta (Singular: Konkretum) und Abstrakta (Singular: Abstraktum). Konkreta bezeichnen Gegenständliches; Abstrakta bezeichnen alles, was nicht gegenständlich ist, zum Beispiel Vorstellungen, Gefühle oder Zustände. Unter die Abstrakta fallen auch die Nomen, die aus Verben abgeleitet werden: *die Planung, die Inanspruchnahme, das Bauen.* Das sind die so genannten „Verbalabstrakta", und die können im Gebrauch mit dem zugrunde liegenden Verb konkurrieren.

Verben (Tätigkeitswörter, Zeitwörter) sind die wichtigste Wortart von allen. Ihre Bedeutung ist schon allein daran zu erkennen, dass es keinen Satz ohne Verb geben kann. Verben sagen, was geschieht. Sie bringen Bewegung und damit Leben in den Text. Durch die Konjugation (Beugung) liefern sie eine Fülle von Informationen, so etwa zur Person und zur Zeit. Das alles sind gute Gründe, beim Schreiben möglichst auf Verben zu setzen.

Wenn in einem Text auffallend viele Handlungen in abstrakten Nomen statt in Verben ausgedrückt werden, verliert der Text an Bewegung und Leichtigkeit. Dafür wiederum gewinnt er an Dichte; er wird buchstäblich schwerer (zu lesen). Hier ist eine Kostprobe aus dem BGB, § 626 Abs. 1:

> Das Dienstverhältnis kann von jedem Vertragsteil aus wichtigem Grund ohne Einhaltung einer Kündigungsfrist gekündigt werden, wenn Tatsachen vorliegen, auf Grund derer dem Kündigenden unter Berücksichtigung aller Umstände des Einzelfalles und unter Abwägung der Interessen beider Vertragsteile die Fortsetzung des Dienstverhältnisses bis zum Ablauf der Kündigungsfrist oder bis zu der vereinbarten Beendigung des Dienstverhältnisses nicht zugemutet werden kann.

Die Rechtssprache bedient sich einer nominalen Ausdrucksweise, wenn die Kriterien Dichte und Abstraktion im Vordergrund stehen.

Das ist etwa bei Gesetzestexten der Fall oder bei den Leit- und Orientierungssätzen gerichtlicher Entscheidungen. Sie sprechen vor allem Juristen an. Wird jedoch ein Sachverhalt geschildert, dann leistet eine verbale Ausdrucksweise meist bessere Dienste. Schließlich müssen sich in diesen Schilderungen die am Verfahren beteiligten Personen wiederfinden können, und die sind in der Regel Laien.

Eine nominale Ausdrucksweise ist geeignet, wenn es darauf ankommt, Inhalte zu verdichten und zu abstrahieren. Ansonsten ist – auch in der Rechtssprache – eine verbale Ausdrucksweise vorzuziehen, denn sie ist leichter zu lesen.

Genitive

Der Genitiv (Wesfall) ist der zweite Fall bei der Beugung von Substantiven und Wörtern, die das Substantiv begleiten oder ersetzen. Er steht in einer Reihe mit dem Nominativ, dem Dativ und dem Akkusativ: *der Kläger, des Klägers, dem Kläger, den Kläger*. Im Gebrauch jedoch sticht der Genitiv aus dieser Reihe hervor, da er mit einigen Unsicherheiten verbunden ist: Einerseits wird er gemieden, wo er stehen sollte; andererseits wird er so gehäuft, dass klobige Konstruktionen entstehen.

Die häufigste Funktion des Genitivs besteht darin, das Attribut eines Substantivs zu markieren: *der Antrag des Klägers, der Hund des Beklagten*. Der Genitiv wird außerdem von bestimmten Präpositionen verlangt: *seitens des Klägers, anlässlich des Termins, wegen des Hundes*. In diesen Fällen *muss* der Genitiv stehen, auch wenn das in der Umgangssprache zuweilen anders gehandhabt wird: **der Hund von dem Beklagten*, **dem Beklagten sein Hund*, **wegen dem Hund*. Allerdings lassen sich einige der alltagssprachlich unüblichen Genitiv-Präpositionen ohne Weiteres durch gängige Präpositionen ersetzen, so etwa *anlässlich* durch *bei*, *mittels* durch *mit* oder *durch*, *seitens* durch *von*.

Genitivattribute sind eine Begleiterscheinung einer nominalen Ausdrucksweise. Das können Sie sich im oben zitierten BGB-Paragraphen ansehen: Auf jedes einzelne Verbalabstraktum folgt mindestens ein Genitiv, an zwei Stellen sogar ein doppelter Genitiv. So können regelrechte Genitivketten entstehen: *die Durchsetzung des*

Verbots der Errichtung einer Schweinemastanlage; *die Klärung der Rechtmäßigkeit der Entfernung des Strauches auf der Grenze zwischen den Grundstücken.* Solche Genitivketten sind beim Lesen nur schwer aufzunehmen. Deshalb sollten möglichst nicht mehr als zwei Genitivattribute hintereinander auftreten.

Gegen die Häufung von Genitivattributen hilft in der Regel ein einfaches Mittel: der Wechsel von einer nominalen zu einer verbalen Ausdrucksweise. Dann wird nämlich aus dem Verbalabstraktum plus Genitivattribut ein einfaches Verb plus Subjekt (im Nominativ) oder Objekt (im Akkusativ):

> (1) bis zum Ablauf der Kündigungsfrist → bis die Kündigungsfrist [Subjekt] abläuft
>
> (2) ohne Einhaltung einer Kündigungsfrist → ohne eine Kündigungsfrist [Objekt] einzuhalten
>
> (3) die Klärung der Rechtmäßigkeit der Entfernung des Strauches auf der Grenze zwischen den Grundstücken → klären, ob es rechtmäßig war, den Strauch auf der Grenze zwischen den Grundstücken zu entfernen

Im dritten Beispiel wird außer den beiden Verbalabstrakta (*Klärung, Entfernung*) ein Adjektivabstraktum (*Rechtmäßigkeit*) aufgelöst, sodass gleich an drei Stellen die typischen Nominalendungen -ung und -keit entfallen. Dadurch wird der Text entlastet.

Zur Schreibweise des Genitivs beachten Sie bitte Folgendes: Im Deutschen wird – anders als im Englischen – das Genitiv-s ohne einen Apostroph an den Namen angefügt. Es heißt also *Müllers Anspruch.* Nur wenn der Name auf einen Zischlaut wie zum Beispiel -*s* oder -*tz* endet, muss ein Apostroph stehen, um den ansonsten nicht sichtbaren Genitiv anzuzeigen: *Metz' Anspruch* oder aber *der Anspruch des Metz.*

Der Genitiv sollte – zumindest im Schriftdeutsch – so gesetzt werden, wie er grammatisch erforderlich ist. Unschön und belastend wirkt er nur dann, wenn er gehäuft auftritt. Die Häufung von Genitivattributen lässt sich dadurch vermeiden, dass abstrakte Nomen durch Verben ersetzt werden.

Passiv oder Aktiv

Aktiv (Tatform) und Passiv (Leideform) sind die entgegengesetzten
Handlungsrichtungen des Verbs. Im Aktiv handelt das Subjekt selbst;
im Passiv ist das Subjekt von der Handlung betroffen.

> **Aktiv**: Aling [Subjekt] entfernt den Strauch [Objekt].
> **Passiv**: Der Strauch [Subjekt] wird (von Aling [Präpositionalphrase])
> entfernt.

Dieser Richtungswechsel hat beim Schreiben eine große praktische
Bedeutung: Er erlaubt es,
- die handelnde Instanz je nach Bedarf zu nennen oder wegzulassen,
- den Blickwinkel zu ändern,
- den Ausdruck zu variieren.

Nach diesen drei Kriterien wird entschieden, ob eine aktivische oder
eine passivische Formulierung vorzuziehen ist.

Zur handelnden Instanz: Wenn es – etwa aus Gründen der Rechts-
sicherheit – darum geht, wer etwas getan hat, dann bietet sich als
Erstes das Aktiv an. Denn hier ist die handelnde Instanz Subjekt; im
Passiv dagegen würde sie nur in einer Präpositionalphrase (mit *sei-
tens, von, durch*) genannt. Wenn jedoch die handelnde Instanz keine
Rolle spielt, dann empfiehlt sich das Passiv.

Zum Blickwinkel: Die Einstellung des richtigen Blickwinkels
macht den Zusammenhang leichter erkennbar. Das können Sie anhand der folgenden Gegenüberstellung selbst testen. Bitte lesen Sie
beide Abschnitte als Ganzes, am besten laut:

> (1) Aling entfernt ohne Absprache mit seinem Nachbarn Beling den
> Strauch auf der gemeinsamen Grundstücksgrenze. Belings Eltern
> pflanzten seinerzeit diesen Strauch.
> (2) Aling entfernt ohne Absprache mit seinem Nachbarn Beling den
> Strauch auf der gemeinsamen Grundstücksgrenze. Dieser Strauch wur-
> de seinerzeit von Belings Eltern gepflanzt.

In beiden Beispielen endet der erste Satz mit dem streitgegenständli-
chen Strauch auf der Grundstücksgrenze. Im ersten Beispiel schließt
daran eine völlig neue Information an; von den Eltern war vorher nicht
die Rede. Sie erscheinen wie Kai aus der Kiste. Der bereits bekannte
Strauch dagegen taucht erst am Ende des Satzes wieder auf. Wegen
dieser ungeschickten Informationsverteilung liest der Absatz sich
holprig. Im zweiten Beispiel beginnt der zweite Satz mit dem bereits
bekannten Strauch als Subjekt, und im Zusammenhang mit diesem

Strauch werden die Eltern eingeführt. So sind die Informationen gut verwertbar, der Übergang ist glatt und der Absatz hat mehr Schliff. Grammatisch ermöglicht wird dies durch die Passivkonstruktion.

Zur Ausdrucksvariation: Die Variation ergibt sich von selbst, wenn die obigen Kriterien berücksichtigt werden. Sie ist notwendig, um Monotonie zu vermeiden.

Fazit: Das Aktiv ist kurz und einfach und von jedem Verb zu haben; deshalb gilt es als Normalform. Doch auch das Passiv hat seine Berechtigung. Aktiv und Passiv sollten jeweils so eingesetzt werden, wie es der Inhalt und der Blickwinkel erfordern. Daraus ergibt sich in wissenschaftlichen und juristischen Texten, die beide unpersönliche Ausführungen verlangen, unweigerlich eine verstärkte Nutzung des Passivs. Da diese angemessen ist, schlägt sie nicht negativ zu Buche. Zu monieren ist der Gebrauch des Passivs nur dann, wenn er grundlos erfolgt. Dann wirkt das Passiv umständlich, und das Aktiv wäre vorzuziehen.

Im Zusammenhang mit Aktiv und Passiv stellt sich immer wieder auch die Frage nach der Ich-Form: *Kann zumindest die eigene Stellungnahme in der 1. Person Singular verfasst werden?* Die Antwort lautet nein. Denn der vertretene Standpunkt soll sich zwingend aus der Sache ergeben, nicht aus der subjektiven Erfahrung des Verfassers. Das Ich bleibt außen vor – auch sprachlich. Die Argumentation spielt sich ausschließlich auf der Sachebene ab.

Das Aktiv ist kurz und einfach und deshalb die Normalform. Das Passiv ist besonders nützlich, wenn eine unpersönliche Ausdrucksweise gefragt ist. Aktiv und Passiv ermöglichen unterschiedliche Blickwinkel und bringen Abwechslung in den Text.

Geschlechtergerechte Sprache

Geschlechtergerechte Sprache hat die Aufgabe, die Gleichstellung von Frauen und Männern sichtbar zu machen. Frauen sollen nicht länger im generischen Maskulinum – das ist die männliche Form für beide Geschlechter – untergehen und damit Gefahr laufen, in gesellschaftlich relevanten Zusammenhängen übersehen zu werden; vielmehr sollen sie, wenn sie in einem Text mit gemeint sind, auch mit angesprochen werden. Dieser Anspruch hat Folgen für eine ganze

Reihe von Rechtstexten, so etwa für Gesetze, Verordnungen, Satzungen oder öffentlich-rechtliche Verträge. Als Beispiel können Sie sich die neu erlassene Straßenverkehrs-Ordnung (StVO) ansehen, die seit dem 01.04.2013 in Kraft ist.

Die Umsetzung der (teils gesetzlich verlangten) geschlechtergerechten Sprache stellt für jeden Text eine neue Herausforderung dar. Sie kann immer nur behelfsmäßig erfolgen, da das Deutsche sich von seiner Struktur her dagegen sträubt. Hier sind die Mittel, die zur Verfügung stehen: Paarformen, Splitting, geschlechtsneutrale Formulierungen und die Gleichstellungsklausel.

Paarformen: In der Paarform werden weibliche und männliche Form nebeneinander genannt.

> Die Mitarbeiterinnen und Mitarbeiter des xyz dürfen keine geldwerten Vorteile fordern, annehmen oder sich versprechen lassen, die mit ihrer Tätigkeit beim xyz oder ihrer Funktion im xyz im Zusammenhang stehen. Dabei ist es unerheblich, ob der angebotene Vorteil der Mitarbeiterin oder dem Mitarbeiter unmittelbar persönlich oder nur mittelbar zugutekommt.

Der Vorteil der Paarformen liegt in der Deutlichkeit; die Nachteile zeigen sich erst bei längeren Texten. Erstens verlangt die Doppelung der Personenbezeichnungen auch die Doppelung sämtlicher Bezugswörter. Das macht den Satzbau schwieriger und lenkt beim Lesen vom Inhalt ab. Zweitens entsteht bei gehäuftem Auftreten eine konstruierte Umständlichkeit, die schon fast komische Züge trägt und den Grundgedanken der Gleichstellung ins Lächerliche zieht. Drittens ist es schwierig, die Doppelung konsequent von Anfang bis Ende und für alle Personen durchzuhalten. Deshalb sind Paarformen als alleinige Lösung für längere Texte nicht geeignet; wohl aber sollten sie an zentralen Stellen stehen, etwa wenn Berufs- oder Amtsbezeichnungen geregelt werden.

Splitting: Das Splitting ist eine verkürzte Schreibweise für Paarformen und geht so:

> Die Mitarbeiter/innen des xyz dürfen keine geldwerten Vorteile annehmen.

Der Vorteil liegt in der Verkürzung, der Nachteil im zerstückelten Aussehen und in den vielen Fehlkonstruktionen, die sich durch die Deklination (Beugung) ergeben: *die Benennung von *Vertreter/inne/n, die Pflicht des/der *Mitarbeiter(s)/in*. Solche Konstruktionen entsprechen nicht den Regeln. Denn die besagen, dass pro Wort nur ein Schrägstrich vorkommen soll und dass die Konstruktion bei Weglassen des Schrägstrichs lesbar sein muss. Wegen seiner gravierenden

Nachteile ist das Splitting für Fließtexte nicht geeignet; es bietet sich für Formulare und Aufstellungen an, in denen nicht dekliniert werden muss.

Geschlechtsneutrale Formulierungen: Das sind all die Formulierungen, die keine Angabe machen zum natürlichen Geschlecht, so zum Beispiel:

- neutrale Substantive: *die Leitung, die Lehrkraft, die Ombudsperson*
- Partizipien und Adjektive im Plural: *die Studierenden, die Beschäftigten, zu Fuß Gehende, Minderjährige*
- kreative Umschreibungen wie Relativsätze, Passivkonstruktionen ohne Angabe der handelnden Instanz oder Präpositionalgefüge: *wer zu Fuß geht* (für *Fußgänger*), *es darf nicht schneller als 50 km/h gefahren werden* (für *der Fahrzeugführer darf nicht ...*), *Personen im Praktikum* (für *Praktikanten*)

Der Vorteil geschlechtsneutraler Formulierungen ist das Unauffällige; der Nachteil besteht in der begrenzten Verfügbarkeit. Auch ist darauf zu achten, dass sie niemals zu Lasten der Genauigkeit und Klarheit gehen.

Gleichstellungsklausel: Eine solche Klausel zu Beginn des Textes erklärt, dass Personenbezeichnungen unabhängig vom grammatischen Geschlecht für weibliche *und* männliche Personen gelten. Als Beispiel können Sie sich den entsprechenden Passus in der Einleitung dieses Buches ansehen. Der Vorteil einer solchen Erklärung besteht darin, dass der Text von Umständlichkeiten verschont bleibt und sich schlicht und einfach auf den Inhalt konzentrieren kann. Allerdings gerät darüber das politische Ziel, das Sichtbarmachen beider Geschlechter, ins Hintertreffen.

Es gibt kein Patentrezept für die Umsetzung einer geschlechtergerechten Sprache. Wichtig ist, dass Sie für das Thema sensibilisiert sind und es immer mit bedenken. Nur darf es nie zulasten der Verständlichkeit gehen.

Übungen

Erste Übung

In dieser Übung entwickeln Sie ein Gespür für die nominale Ausdrucksweise. Bitte markieren Sie die Nomen, die durch ein Verb ersetzt werden könnten.

1. Die Unterbringung von Tieren soll unter menschlicher Haltung
   so gestaltet sein, dass dem Tier die Bedarfsdeckung und die
   Vermeidung von Schäden durch die Möglichkeit zu adäquatem
   Verhalten gelingen.
2. Nach § 5 der Tierschutztransportverordnung sind Wirbeltiere
   oder die Behältnisse, in denen sich Wirbeltiere befinden, so zu
   verladen, dass sie für einen Begleiter zum Zweck des Fütterns,
   des Tränkens und der Pflege der Tiere zugänglich sind.
3. Mit Bescheiden vom 15.05.20xx untersagte der Antragsgegner
   der Antragstellerin aufgrund von tierschutzwidrigen Verhält-
   nissen das Halten und Betreuen von Vögeln und Kleinsäugern und
   verfügte die Auflösung dieses Tierbestandes.
4. Der Antragsteller gab an, das Anbinden des Welpen mit einer 80
   cm langen Leine sei eine Schutzmaßnahme gewesen, um das
   Durchkauen freiliegender Kabel zu verhindern. Im Übrigen sei
   die Unterbringung des Welpen in dem Hinterzimmer des Gewer-
   beanwesens nur eine Ausnahme gewesen, die wegen seiner Teilnahme an einer Feier und der gleichzeitigen Verhinderung der
   Bekannten, die sich sonst vertretungsweise um den Welpen küm-
   mere, notwendig geworden sei.
5. Mit Bescheiden vom 01.10.20xx verfügte der Antragsgegner unter anderem die regelmäßige Reinigung aller mit den Katzen in
   Kontakt kommenden Einrichtungsgegenstände zur Vermeidung
   übermäßiger Verschmutzung durch Kot und Urin sowie die
   Durchführung geeigneter Maßnahmen zur Verhinderung einer
   unkontrollierten Vermehrung der Katzen.

Zweite Übung

Hier üben Sie, von einer nominalen in eine verbale Ausdrucksweise
zu wechseln. Bitte schreiben Sie die folgenden Sätze so um, dass der

Inhalt der markierten Nomen durch Verben ausgedrückt wird. Benutzen Sie Schmierpapier und testen Sie ruhig mehrere Versionen.

1. Für das Zustandekommen einer erfolgreichen Hausarbeit bedarf es einer guten Planung und hinlänglicher Recherche, der gründlichen Ausarbeitung aller Argumente und einer bedarfsgerechten Überarbeitung des gesamten Textes.

   Wer eine erfolgreiche Hausarbeit schreiben will ...

2. Eine weitere Verbesserung der Hausarbeit kann erzielt werden durch die kritische Lektüre des Manuskripts durch eine unbeteiligte Person mit gehörigem Sachverstand und durch die sachliche Auseinandersetzung mit deren Kritik durch den Verfasser.

3. Die Beklagten sehen keine rechtliche Notwendigkeit für die Anhörung der Klägerin vor Ausspruch der Kündigung.

4. § 611 Abs. 1 BGB: Durch den Dienstvertrag wird derjenige, welcher Dienste zusagt, zur Leistung der versprochenen Dienste, der andere Teil zur Gewährung der vereinbarten Vergütung verpflichtet.

5. § 626 Abs. 1 BGB: Das Dienstverhältnis kann von jedem Vertragsteil aus wichtigem Grund ohne Einhaltung einer Kündigungsfrist gekündigt werden, wenn Tatsachen vorliegen, auf Grund derer dem Kündigenden unter Berücksichtigung aller Umstände des Einzelfalles und unter Abwägung der Interessen beider Vertragteile die Fortsetzung des Dienstverhältnisses bis zum Ablauf der Kündigungsfrist oder bis zu der vereinbarten Beendigung des Dienstverhältnisses nicht zugemutet werden kann.

Dritte Übung

In dieser Übung spüren Sie Fehler und stilistische Schwächen rund um den Genitiv auf. Mal ist er missverständlich, mal falsch, mal fälschlich nicht und mal gehäuft eingesetzt. Bitte identifizieren Sie die betreffenden Stellen, notieren Sie, was zu bemängeln ist, und schreiben Sie eine verbesserte Version.

1. Viele Studierende bedienen sich des Copy-and-paste-Verfahrens, ohne sich über ein Unrecht bewusst zu sein.

   "bewusst" verlangt Genitiv: ohne sich eines Unrechts bewusst zu sein

2. Wegen des Außerachtlassens der Regeln des wissenschaftlichen
    Arbeitens kann eine Hausarbeit als Fehlleistung bewertet werden.

    _____

    _____

    _____

3. Die Wahrscheinlichkeit der Entdeckung eines Plagiats ist seit
    dem Erwachen des öffentlichen Bewusstseins für die Tragweite
    des Problems gestiegen.

    _____

    _____

    _____

4. Die Beschuldigung des Verfassers der Studie erwies sich als
    falsch.

    _____

    _____

    _____

5. Mangels entsprechenden Kursen sind viele Studierende beim
    Erwerb des wissenschaftlichen Rüstzeugs auf sich gestellt.

    _____

    _____

    _____

6. Jurastudent Andreas schreibt seine Hausarbeit mit Hilfe seines
    Onkel Fester, der Rechtsanwalt ist.

    _____

    _____

    _____

7. Dieser ist wegen der Kündigung seiner Mitarbeiterin erneut auf Personalsuche.

_____

_____

_____

8. Dennoch nimmt Onkel Fester sich die Zeit, Andreas Entwurf zu prüfen. Sogleich erkennt er mangelndes Verständnis der Systematik des Gutachtenstils.

_____

_____

_____

9. Dank der Hilfe von seinem Onkel bekommt Andreas eine gute Note.

_____

_____

_____

10. Entgegen aller Erwartungen schließt er das Studium als Bester seines Jahrgangs ab.

_____

_____

_____

Vierte Übung

Diese Übung macht Sie wählerisch im Umgang mit dem Passiv. Ihre Aufgabe besteht darin, die Passivkonstruktionen in den folgenden Sätzen auf den Prüfstand zu stellen. Ist das Passiv an der jeweiligen Stelle sinnvoll, oder würde eine aktivische Formulierung bessere Dienste leisten? Im letzteren Fall notieren Sie bitte Ihre Version.

1. Zwischen den Nachbarn Aling und Beling wird über einen alten
    Lindenbaum gestritten.

    Die Nachbarn Aling und Beling streiten über
    einen alten Lindenbaum.

2. Der Baum steht auf dem Grundstück des Aling, doch durch seinen
    Laubfall wird alljährlich auch das Grundstück des Beling bedeckt.

3. Auch Blüten und Samen werden vom Wind dorthin getragen.

4. Dadurch, so Beling, sei die Pflege seines Grundstücks erheblich
    erschwert.

5. Er habe jährlich zehn bis fünfzehn 80-Liter-Tonnen Laub zu
    entsorgen, und die Regenrinnen müssten drei- bis viermal pro
    Jahr gereinigt werden.

6. Für diese Mühen wird von Beling ein jährlicher Ausgleich von
    500,-- Euro verlangt.

7. Diese Forderung wird von Aling abgelehnt, und Beling zieht vor Gericht.

_____

_____

8. Im Februar 2013 wurde das Urteil gesprochen.

_____

9. Die Forderung nach einer „Laubrente" wurde von der zuständigen Richterin abgewiesen.

_____

_____

10. In der Begründung wurde unter anderem angeführt, die von dem Lindenbaum ausgehenden Einwirkungen könnten von den Eigentümern nicht durch wirtschaftlich zumutbare Maßnahmen verhindert werden.

_____

_____

_____

Fünfte Übung

Die folgenden Passagen bemühen sich, eine geschlechtergerechte Sprache umzusetzen. Wo liegen die Ausrutscher? Wie könnten sie korrigiert werden?

1. Wir haben den Anspruch, jeden einzelnen Schüler und Schülerin individuell zu fördern.

jeden einzelnen Schüler und jede einzelne
Schülerin

2. Die Dienstvereinbarung gilt für alle Arbeitnehmer/innen, Auszu-
    bildenden und Volontär(e)/innen.

    _____

    _____

3. Umschulung ist die Vorbereitung auf einen anderen Beruf, um
    eine sinnvolle Weiterbeschäftigung des/der Arbeitnehmer(s)/-in
    im Betrieb zu ermöglichen.

    _____

    _____

4. Teilzeitbeschäftigten Arbeitnehmer/innen wird die Zahlung an-
    teilig gewährt.

    _____

    _____

    _____

5. Wird einer Mitarbeiterin/einem Mitarbeiter ein geldwerter Vor-
    teil angeboten, der nicht unter die Ausnahmeregelung des § 3 fällt
    oder hat die Mitarbeiterin/der Mitarbeiter Zweifel am Vorliegen
    einer Ausnahme nach § 3, so hat sie/er unverzüglich den Vorge-
    setzten zu informieren.

    _____

    _____

6. § 3 Abs. 2a StVO: Wer ein Fahrzeug führt, muss sich gegenüber
    Kindern, hilfsbedürftigen und älteren Menschen, insbesondere
    durch Verminderung der Fahrgeschwindigkeit und durch Brems-
    bereitschaft, so verhalten, dass eine Gefährdung dieser Verkehrs-
    teilnehmer ausgeschlossen ist.

    _____

    _____

7. § 5 Abs. 4 StVO: Wer zum Überholen ausscheren will, muss sich
    so verhalten, dass eine Gefährdung des nachfolgenden Verkehrs
    ausgeschlossen ist. Beim Überholen muss ein ausreichender Sei-
    tenabstand zu anderen Verkehrsteilnehmern, insbesondere zu den
    zu Fuß Gehenden und zu den Rad Fahrenden, eingehalten wer-
    den. Wer überholt, muss sich so bald wie möglich wieder nach
    rechts einordnen. Wer überholt, darf dabei denjenigen, der über-
    holt wird, nicht behindern.

8. § 8 Abs. 2 StVO: Wer die Vorfahrt zu beachten hat, muss recht-
    zeitig durch sein Fahrverhalten, insbesondere durch mäßige Ge-
    schwindigkeit, erkennen lassen, dass gewartet wird. Es darf nur
    weitergefahren werden, wenn übersehen werden kann, dass wer
    die Vorfahrt hat, weder gefährdet noch wesentlich behindert
    wird. Kann das nicht übersehen werden, weil die Straßenstelle
    unübersichtlich ist, so darf sich vorsichtig in die Kreuzung oder
    Einmündung hineingetastet werden, bis die Übersicht gegeben
    ist. Wer die Vorfahrt hat, darf auch beim Abbiegen in die andere
    Straße nicht wesentlich durch den Wartepflichtigen behindert
    werden.

9. § 12 Abs. 5 StVO: An einer Parklücke hat Vorrang, wer sie
    zuerst unmittelbar erreicht; der Vorrang bleibt erhalten, wenn
    der Berechtigte an der Parklücke vorbeifährt, um rückwärts
    einzuparken, oder wenn sonst zusätzliche Fahrbewegungen
    ausgeführt werden, um in die Parklücke einzufahren. Satz 1 gilt

entsprechend, wenn an einer frei werdenden Parklücke gewartet wird.

---

10. § 23 Abs. 1 StVO: Wer ein Fahrzeug führt, ist dafür verantwortlich, dass seine Sicht und das Gehör nicht durch die Besetzung, Tiere, die Ladung, Geräte oder den Zustand des Fahrzeugs beeinträchtigt werden.

Sechste Übung

In den folgenden Sätzen ist die geschlechtergerechte Sprache entweder gar nicht oder aber umständlich umgesetzt. Bitte überlegen Sie sich möglichst einfache Alternativen.

1. Es verlangt der Verfasserin/dem Verfasser einige Disziplin ab, die geschlechtergerechte Sprache konsequent umzusetzen.

   Es erfordert einige Disziplin beim Schreiben, ...

2. Ein Dozent oder eine Dozentin, der oder die für das Thema hinreichend sensibilisiert ist, wird sowohl während des Unterrichts als auch bei der Korrektur von Hausarbeiten auf eine angemessene Umsetzung achten.

---

3. Angemessene Umsetzung kann allerdings auch bedeuten, dass ein Verfasser auf Doppelungen verzichtet.

---

4. Denn durch Doppelungen kann die Sprache so kompliziert werden, dass insbesondere Mitbürgerinnen und Mitbürger mit Migrationshintergrund in ihrem Zugang behindert werden.

_____

_____

5. In der Vollversammlung hat jede/r das Recht, ihre/seine Meinung zu sagen.

_____

_____

6. Tiere sind so zu verladen, dass sie für einen Begleiter zum Zweck des Fütterns, des Tränkens und der Pflege zugänglich sind.

_____

_____

7. Tierschützer begleiten die Tiere auf dem Weg bis zur Schlachtung und sorgen dafür, dass zumindest die Bestimmungen eingehalten werden.

_____

_____

8. Der Hundesteuerpflicht unterliegt jeder, der sich privat oder geschäftlich einen Hund hält. Dabei ist es zweitrangig, wer tatsächlicher Eigentümer des Hundes ist.

_____

_____

9. Zum Amt des Schöffen kann grundsätzlich jeder Deutsche berufen werden.

_____

_____

10. In Zukunft wollen wir unsere Marktposition weiter ausbauen. Dafür suchen wir Sie als kompetente/-n Mitarbeiter/-in zur Verstärkung unseres Teams in Frankfurt.

_____

_____

Achte Lektion
Kohäsion: Zusammenhänge sichtbar machen

Diese Lektion handelt von der Kohäsion. Das ist der mit sprachlichen Mitteln bewirkte, äußerlich sichtbare Zusammenhalt eines Textes. Zu den Mitteln der Kohäsion gehören verschiedene Muster des Informationsfortschritts von Satz zu Satz, der Einsatz von Konnektoren und die Feinsteuerung per Satzzeichen.

Nutzwert

Im Studium lernen Sie, Ihre Übungsfälle folgerichtig von A bis Z zu durchdenken. Doch dabei allein darf es nicht bleiben. Vielmehr muss die Folgerichtigkeit auch auf dem Papier erscheinen. Je deutlicher sie dort zu erkennen ist, desto eingängiger ist Ihre Argumentation für den Leser. Im besten Falle hält er sie für selbstverständlich. Genau um diesen Effekt geht es bei der Kohäsion. Sie erzeugt ein einheitliches und schlüssiges Ganzes, das der Leser ohne Hindernisse aufnehmen kann.

Kohäsion zahlt sich nicht erst beim Lesen aus, sondern bereits beim Schreiben. Denn da, wo die diversen Bindemittel partout nicht passen, wo kein glatter Übergang von einem zum anderen möglich ist, wo es schlicht nicht weitergeht, liegt meistens ein Fehler im Denken vor. So fungiert die Kohäsion als sicherer Anzeiger für die Kohärenz der Gedanken. Wenn Sie diesen Anzeiger nutzen, können Sie zum einen Fehler aufspüren und beseitigen und zum anderen sich selbst aus Blockaden befreien. Sie verbessern also Ihre Texte *und* Ihren Schreibprozess.

Informationsfortschritt von Satz zu Satz

Informationen werden von einem Satz zum anderen weiterentwickelt. Jeder neue Satz muss einen Zugewinn bringen. Gemessen wird der Zugewinn an dem, was bereits da ist. Diese kommunikative Erwartung erhöht den Anspruch an Sätze. Es reicht nicht aus, wenn sie grammatisch richtig sind; sie sollten außerdem so gebaut sein, dass ihre Inhalte sich in einen sinnvollen Ablauf fügen. Damit stellt sich für jeden einzelnen Satz die Frage, welche Informationsfolge über

den Punkt hinaus am besten wirkt. Bei der Antwort hilft die Unterscheidung von Thema und Rhema.

Das Thema (hier ein Fachbegriff der Textlinguistik) ist die bekannte Information, das Gegebene. Thema ist das, worüber etwas gesagt
werden soll. Das Rhema ist die neue Information. Rhema ist das, was
über das Thema gesagt wird. In der Regel steht das Thema im Satz
vor dem Rhema. Das Bekannte geht voran, damit das Neue daran
andocken kann. So kann das Neue gleich zugeordnet werden, und
dadurch ist es leichter zu verarbeiten.

Auf der Grundlage von Thema und Rhema lässt sich ein Text unterschiedlich entwickeln: Er kann vom Rhema aus weitergeführt werden oder vom Thema aus. Die Weiterführung vom Rhema aus nennt
man „einfache Progression". Dabei wird das Rhema des ersten Satzes
zum Thema des zweiten Satzes; das Rhema des zweiten Satzes wird
zum Thema des dritten Satzes. Im Beispiel sieht das so aus:

(1) Aling und Beling [T1] schreiben bald ihre erste Klausur [R1]
(2) Für diese Klausur [R1=T2] üben sie gemeinsam [R2].
(3) Dabei [R2=T3] konzentrieren sie sich auf die Subsumtionstechnik [R3].
(4) Diese Technik [R3=T4] ermöglicht das systematische Herangehen
an Fälle aller Art [R4]
(5) Ihr aktueller Übungsfall [R4=T5] handelt von der Gefahrtragung
beim Kauf [R5].

Im ersten Satz ist die erste Klausur die Neuigkeit. Im zweiten Satz ist
die Klausur vorerwähnte Information, und das gemeinsame Üben ist
die Neuigkeit. Im dritten Satz ist das Üben bekannt, und die Subsumtionstechnik ist neu. Und so geht das weiter. Die Wiederaufnahme
des Rhemas im Thema kann durch hinweisende Pronomen verstärkt
werden (so wie im zweiten und im vierten Satz). Sie muss nicht unbedingt wörtlich erfolgen und auch nicht im vollen Umfang. Es reicht,
wenn ein Teil des Rhemas aufgegriffen wird (so wie im fünften Satz).

Die Weiterführung des Textes vom Thema aus nennt man „Progression mit durchlaufendem Thema". Dabei wird das Thema des
ersten Satzes auch Thema des zweiten Satzes und gegebenenfalls
weiterer Sätze. Hier ein Beispiel dazu:

(1) Aling und Beling [T1] studieren Jura im ersten Semester.
(2) Sie [T1=T2] haben sich in der Einführungswoche kennen gelernt.
(3) Beide [T1=T3] haben das Ziel, Anwalt zu werden.
(4) Aling [T1=T4] möchte gerne als Wirtschaftsanwalt Unternehmen
beraten.
(5) Beling [T1=T5] interessiert sich besonders für Strafrecht.

Im ersten Satz werden Aling und Beling als Thema gesetzt; alle weiteren Sätze liefern neue Informationen über die beiden. Auch hier gilt, dass die Wiederaufnahme nicht wörtlich und nicht vollständig erfolgen muss.

Weder die einfache Progression noch das durchlaufende Thema sind geeignet, ganze Texte zu bestreiten, schon gar nicht in Reinform. Die Kunst besteht in der Variation nach Bedarf. Fragen Sie jeweils, was alt ist, was neu ist und worüber Sie als Nächstes etwas sagen möchten. Denken Sie daran, dass neue Information am besten verwertet werden kann, wenn sie an etwas Bekanntem festmacht.

Die Thema-Rhema-Gliederung ermöglicht einen sinnvollen kommunikativen Fortschritt im Text. Das gilt fürs Lesen und fürs Schreiben.

Konnektoren

Konnektoren sind Wörter, die Sätze miteinander verbinden und die Art der Verbindung explizit machen. Das gilt für Teilsätze, wie sie in Satzgefügen und Satzreihen vorkommen; aber es gilt auch über den Schlusspunkt hinaus. Konnektoren tragen in großem Maße zur Verdeutlichung des Zusammenhangs bei.

Abgesehen von der gemeinsamen Funktion sind Konnektoren eine gemischte Gruppe. Ihr gehören Wörter der folgenden Wortarten an:
- Konjunktionen (Bindewörter): *aber, obwohl, wenn*
- Adverbien (Umstandswörter): *andernfalls, deshalb, mithin*
- Pronominaladverbien (Umstandsfürwörter): *dabei, dazu, hiermit*
- Präpositionen (Verhältniswörter): *entgegen, trotz, wegen*

Zur Erläuterung: Die Konjunktionen umfassen Nebensatzkonjunktionen (*obwohl, wenn*), die in Satzgefügen vorkommen, und Hauptsatzkonjunktionen (*aber, denn*), die unabhängige Sätze einleiten. Pronominaladverbien sind eine besondere Art des Adverbs. Sie sind zusammengesetzt aus einem Adverb (*da, hier* oder *wo*) und einer Präposition, und sie stehen stellvertretend für Fügungen aus Präposition und Pronomen: *dagegen* für *gegen dieses/das*.

Was die inhaltliche Bedeutung angeht, so erlauben Konnektoren eine sehr feine Differenzierung. Sie können zum Beispiel einen zeitlichen Zusammenhang (*danach*) ausdrücken, einen Grund (*deswe-*

gen) oder eine Bedingung (*andernfalls*), einen Zweck (*dazu*) oder eine Folge (*also*), einen Gegensatz (*stattdessen*), eine Erklärung (*nämlich*) oder eine Einschränkung (*allerdings*).

Die Wirkung von Konnektoren erkennen Sie am besten, indem Sie einen Text erst ohne, dann mit Konnektoren lesen:

Text ohne Konnektoren	Text mit Konnektoren
Bald steht die erste Zivilrechtsklausur an. Aling, und Beling bereiten sich vor und haben eine Lerngruppe gebildet. Das Lernen fällt ihnen leichter. Sie ergänzen sich perfekt. Aling kann sich an jeden einzelnen Fall erinnern. Beling hat nicht so viel Stoff parat. Er kann sehr gut Fälle analysieren.	Bald steht die erste Zivilrechtsklausur an. Aling und Beling bereiten sich darauf vor und haben dazu eine Lerngruppe gebildet. So fällt ihnen das Lernen leichter. Denn sie ergänzen sich perfekt. Aling kann sich an jeden einzelnen Fall erinnern. Beling dagegen hat nicht so viel Stoff parat. Dafür kann er sehr gut Fälle analysieren.

Was in der linken Spalte steht, liest sich fast wie die Aufzählung einzelner Fakten; die Zusammenhänge mag ein jeder selbst konstruieren. Das ist bei einem einfachen Sachverhalt wie im Beispiel durchaus machbar; in wissenschaftlichen und juristischen Texten jedoch könnte das zu Fehlern führen. Schon diese Ungenauigkeit – und damit die Möglichkeit von Fehlschlüssen – wäre ein Mangel. Was in der rechten Spalte steht, liest sich als runder Text. Die Übergänge sind glatt, die Bezüge sind eindeutig. Das ist die Leistung der Konnektoren.

Konnektoren sagen sehr genau und klar, wie die Inhalte einzelner Sätze miteinander zusammenhängen. Damit helfen sie, Fehlschlüsse zu vermeiden, und verleihen wissenschaftlichen und juristischen Texten die notwendige Präzision und Eindeutigkeit.

Satzzeichen

Satzzeichen separieren Informationseinheiten, kennzeichnen deren Verhältnis zueinander und markieren zum Teil auch inhaltliche Aspekte. Sie zeigen, wie der Text gelesen werden soll.

Die häufigsten Satzzeichen sind Punkt und Komma. Da das Komma sehr eng an die Grammatik gebunden ist, wird es gleich nach dem

Satzbau in der vierten Lektion extra behandelt. Hier geht es um die Satzzeichen, deren Einsatz meist fakultativ erfolgt und die darum umso mehr Gestaltungswillen erkennen lassen. Die Rede ist vom Semikolon (Strichpunkt), vom Doppelpunkt und vom Gedankenstrich.

Zum Semikolon: Es steht da, wo ein Komma zu schwach wäre und ein Punkt zu stark. Es zeigt, dass unabhängige Einheiten doch einen engen inhaltlichen Bezug zueinander haben. Oft handelt es sich dabei um zwei Seiten einer Angelegenheit, die nur gemeinsam ein Gesamtbild ergeben. Dazu ein Beispiel:

> Die meisten Erstsemester sind darauf eingestellt, dass sie viel lernen müssen; die wenigsten wissen, wie und wo sie anfangen sollen.

In diesem Satz kann das Semikolon mehrere Vorzüge gleichzeitig ausspielen: Es hebt sich von den Kommas ab, die die Satzgefüge gliedern. Es betont den Gegensatz (*die meisten, die wenigsten*). Und es stärkt die thematische Zusammengehörigkeit der Aussagen.

Zum Doppelpunkt: Er kündigt an, dass etwas folgt. Das kann wörtliche Rede sein, aber auch eine Information, die besonders herausgestellt werden soll. Das sieht dann so aus:

> (1) Vor lauter Auswendiglernen kommt oft das Wesentliche zu kurz: das Verstehen.
>
> (2) Am Ende des ersten Semesters sind viele Studierende frustriert: Trotz zahlloser Stunden am Schreibtisch ist das Ergebnis mager.

Im ersten Beispiel ist *das Verstehen* aus dem Mittelfeld ausgeklammert, damit es an der letzten Stelle mehr Aufmerksamkeit auf sich ziehen kann. Im zweiten Beispiel folgt auf den Doppelpunkt ein kompletter Satz. Dieser liefert den Grund für den Frust in der vorausgehenden Aussage. Es besteht also ein kausaler Zusammenhang. Trotzdem ist eine kausale Konjunktion (*denn*) nicht nötig. Als Verbindung reicht der Doppelpunkt.

Zum Gedankenstrich: Er unterbricht den Satzfluss für einen Gedanken, der als zusätzliche Information eingeschoben oder aber – etwa als besonderer Clou – betont werden soll. Bei Einschüben werden Anfang *und* Ende markiert.

> (1) Die schiere Fülle des Materials – von Skripten über Lehrbücher bis hin zu Datenbanken – kann den Zugang zur Methode versperren.
>
> (2) Der Umgang mit Literatur – das wissen mittlerweile auch die Hochschulen – ist eine der größten Herausforderungen für Erstsemester.
>
> (3) Studierende, die sich allein aufs Auswendiglernen und Reproduzieren verlegen, werden vielleicht ihre ersten Klausuren bestehen – aber noch lange kein juristisches Verständnis entwickeln.

Der Gedankenstrich – freistehend zwischen zwei Leerzeichen – stellt schon optisch eine deutliche Unterbrechung dar. Die kann der Leser nutzen, um sich auf den zusätzlichen oder unerwarteten Gedanken einzustellen.

Satzzeichen sind nicht bloß grammatisches Regelwerk, sondern vor allem praktische Anweisungen zum Lesen. Sie bestimmen, wie eng und teilweise auch in welcher Weise Aussagen zueinander gehören.

Texthaftigkeit

Texthaftigkeit ist das, was einen Text von einer Sammlung einzelner Sätze unterscheidet. Genau dieser Unterschied ergibt sich aus der Kohäsion, Deshalb sollte sie mit *allen* Mitteln gestärkt werden. Je deutlicher der Zusammenhang erkennbar ist, desto stringenter wirkt der Text.

Übungen

Erste Übung

Hier geht es um einfache Progression und fortlaufendes Thema. Bitte geben Sie für jeden Übergang ein, welches Muster Sie erkennen: Rhema wird Thema [R→T] oder Thema bleibt Thema [T bleibt].

1. (1) Die Universität bietet ein Mentoringprogramm für Erstsemester.

    (2) Die Neulinge werden von Studierenden höherer Fachsemester betreut. [R→T]

    (3) Die Betreuung findet in Kleingruppen statt. [_____]

    (4) Sie beinhaltet sowohl Informationen zum Studium als auch Hilfestellungen in praktischen Angelegenheiten. [_____]

    (5) Zu den praktischen Angelegenheiten gehört etwa die Frage, wie es sich mit der Mensa verhält. [_____]

    (6) Bietet die Mensa auch veganes Essen? [_____]

    (7) Vegane Ernährung ist für immer mehr Menschen eine ethische Frage. [_____]

    (8) Sie ist allerdings nicht immer leicht durchzuhalten. [_____]

    (9) Das Durchhalten ist besonders in nicht veganer Gesellschaft schwierig. [_____]

    (10) Es erfordert einiges an Disziplin und vor allem eine nette Art, nein zu sagen. [_____]

2. (1) In einem arbeitsrechtlichen Streitfall kann das Einschalten Dritter, etwa des Betriebsrats, zu einer friedlichen Einigung führen. [_____]

(2) Ist eine friedliche Einigung nicht möglich, so bleibt immer noch die Möglichkeit einer Klage beim Arbeitsgericht. [_____]

(3) Klagen können in der Rechtsantragstelle des Arbeitsgerichts zu Protokoll des Urkundsbeamten gegeben werden. [_____]

(4) Sie können auch durch ein einfaches Schreiben an das Gericht erhoben werden. [_____]

(5) Daraus muss unter anderem hervorgehen, was genau das Begehren ist. [_____]

(6) Das Begehren kann zum Beispiel die Zahlung eines bestimmten Geldbetrages sein oder die Feststellung, dass eine Kündigung unwirksam ist. [_____]

(7) Es muss auf jeden Fall hinreichend begründet sein, damit die Klage Aussicht auf Erfolg hat. [_____]

3. (1) Ein 59-jähriger Frankfurter lag sturzbetrunken am Hauptbahnhof. [_____]

(2) Der Mann schrie lauthals verfassungswidrige Parolen. [_____]

(3) Auf das Gebrüll wurde eine Streife der Bundespolizeiinspektion Frankfurt aufmerksam. [_____]

(4) Sie versuchte, den Mann mit Zureden zum Schweigen zu bringen. [_____]

(5) Doch dies blieb ohne Erfolg. [_____]

(6) Der Mann schrie weiter und beleidigte eine Polizistin mehrfach. [_____]

(7) Aufgrund des aggressiven Zustandes und der Wegeunfähigkeit durch starken Alkoholkonsum blieb als letzte Möglichkeit zur Beruhigung des Frankfurters nur noch die Ausnüchterungszelle. [_____]

(8) Nach acht Stunden Ausnüchterung konnte der 59-Jährige die Wache verlassen. [_____]

Zweite Übung

Mit dieser Übung werden Sie kreativ und verinnerlichen gleichzeitig die einfache Progression. Nehmen Sie die folgenden Sätze als Ausgangspunkt für jeweils fünf bis zehn weitere Sätze nach dem Rhema-wird-Thema-Muster. Lassen Sie Ihrer Fantasie freien Lauf; schreiben Sie ruhig auch mehrere Geschichten zu einem Satz. Zweck der Übung ist es, dass das Muster sich einschleift und dass Sie erleben, wie das Muster beim Denken weiterhelfen kann.

1. Aling schenkt Beling ein Buch.
2. Celing fühlt sich durch den Hund des Deling gestört.
3. Der Betrieb hat einen Personalengpass.

Dritte Übung

In dieser Übung sammeln und sortieren Sie Konnektoren. Bitte tragen Sie in jede Rubrik weitere Wörter oder Präpositionalphrasen ein, die den vorgegebenen Inhalt ausdrücken. Tipp: Wenn Ihnen aus dem hohlen Bauch heraus nichts einfällt, bilden Sie Beispiele. Dann können Sie anhand des Kontexts auch gleich erkennen, ob die Zuordnung stimmt.

Grund	Bedingung	Zweck	Folge	Gegensatz
deswegen	*andernfalls*	*dazu*	*also*	*stattdessen*

Vierte Übung

Mit dieser Übung machen Sie sich bewusst, wie die Satzverknüpfung funktioniert. Bitte markieren Sie dazu die Verbindungswörter und erklären Sie, was für einen Zusammenhang sie jeweils herstellen.

1. Eine Fehlerquelle bei Klausuren besteht darin, dass der Sachverhalt nicht richtig gelesen wird. Die Studierenden wollen lieber *[Vergleich]* gleich mit dem Schreiben beginnen. Damit allerdings tun sie sich keinen Gefallen. Denn beim Sachverhalt zählt jedes Detail: Die kleinste Kleinigkeit kann bei der Lösung einen großen Unterschied ausmachen. Deshalb sollte der Sachverhalt gründlich und sogar mehrfach gelesen werden.

2. Das erste Lesen dient der Orientierung. Dabei können Sie notieren, was Ihnen spontan einfällt. So stellen Sie sicher, dass kein Gedanke verloren geht. Mit dem zweiten Lesen beginnt die Auswertung. Dazu sollten Sie wichtige Stellen im Text markieren. Bei unübersichtlicher Personenlage sollten Sie außerdem eine Personenskizze anfertigen. Ebenso sollten alle Daten in richtiger Folge erfasst werden.

3. Sobald Sachverhalt und Fallfrage richtig erfasst sind, sollte eine Lösungsskizze erstellt werden. Anhand dieser Skizze wird später das Gutachten formuliert. Deshalb sollte sie den ganzen Fall aufzeichnen, nicht bloß einen Teil. Trotzdem sollte die Skizze nicht zu umfangreich geraten. Ausformulierte Sätze zum Beispiel wären des Guten zu viel. Dazu würde erstens die Zeit nicht reichen; zweitens würde der Überblick beeinträchtigt. Daher sollten lediglich Stichpunkte notiert werden.

4. Am 15.08.20xx war A in der Gemeinde unterwegs, um Post zuzustellen. Hierbei wurde sie von einer Person, deren Namen sie nicht nennt, erneut darauf hingewiesen, dass es in der Familie des Geschädigten G zu Problemen in Bezug auf Partnerschaftsgewalt komme. Man mache sich deswegen Sorgen um die Kinder des Ehepaares G. Auf diesen Hinweis hin überlegte A zunächst, die Ehefrau des Geschädigten G anzusprechen. Sie nahm davon jedoch Abstand, weil sie nicht genau wusste, ob die Vorwürfe stimmten.

5. Laut Sachverhalt betreibt D [...] ein eigenes Designbüro. In diesem Designbüro erarbeitet sie selbständig ihre Vorschläge für M. Außerdem ist sie für zwei weitere Unternehmen aus anderen Branchen tätig, die vom Umsatz für D eine nicht zu vernachlässigende Größe darstellen. Aus diesen Argumenten ergibt sich,

dass D gegenüber M nicht als Arbeitnehmerin des Unternehmens tätig ist.

Fünfte Übung

Thema dieser Übung ist die Feinsteuerung per Satzzeichen. Die folgenden Passagen sind allein mit Punkt und Komma ausgestattet. Bitte überlegen Sie, wo Semikolon, Doppelpunkt oder Gedankenstrich die Zusammenhänge differenzierter darstellen könnten. Ersetzen Sie an diesen Stellen den Punkt bzw. das Komma durch das geeignetere Satzzeichen.

1. Ein großes Thema für Studierende, und nicht nur für die jüngeren Semester, ist der Umgang mit Literatur. Einerseits soll sie lebhaft mit einbezogen werden, andererseits soll eine Arbeit nicht nur aus fremden Meinungen bestehen.

2. Diese Anforderungen sind nur *ein* Aspekt des Themas. Ein anderer Aspekt ist die saubere Trennung von fremden und eigenen Gedanken.

3. Die Fragen sind vielfältig. Was ist Allgemeingut? Wo fängt die Zitierpflicht an? Was ist, wenn man die eigene Erkenntnis im Nachhinein an anderer Stelle liest? Solche Fragen haben schon immer zum wissenschaftlichen Arbeiten gehört. Seit Guttenberg haben sie lediglich eine größere Bedeutung.

4. Unsauberes Arbeiten, egal aus welchem Grund, ist kein Kavaliersdelikt mehr. Es hat deutlich spürbare Auswirkungen bis hin zum Amtsverlust.

5. Vom Sachverhalt her sind Plagiate einfach zu erfassen. Jemand übernimmt fremde Gedanken, ohne dies kenntlich zu machen. Die Bewertung indes ist komplex. Es geht um Ermessensspielräume, um die Regeln guter wissenschaftlicher Praxis und möglicherweise auch um Prüfungsrecht und Strafrecht.

6. Von Autoren, die länger als 70 Jahre tot sind, könnte man, zumindest theoretisch, nach Herzenslust abschreiben. Praktisch allerdings würde man sich der Lächerlichkeit preisgeben.

7. Strafrechtliche Konsequenzen sind dann zu befürchten, wenn der Verfasser, wie in wissenschaftlichen Abschlussarbeiten üblich, eidesstattlich versichert hat, nicht plagiiert zu haben.

8. So diffizil die rechtliche Bewertung der Plagiatsfrage sein mag, so einfach ist die Lösung, die Peter Sloterdijk vorschlägt. Er fordert zum Lesen auf.

9. Würden wissenschaftliche Texte, und das gilt auch für studentische Arbeiten, von einem interessierten Publikum gründlich gelesen, dann würde sich manch ein Verfasser mehr Mühe geben.

10. Diese Übungssätze sind hervorgegangen aus einer Buchbesprechung in der *Süddeutschen Zeitung* (Ausgabe vom 11.09.2013, Seite 19) mit dem Titel „Droht doch mit der Lektüre!". Der Satzbau und die Zeichensetzung, Letztere stark verbesserungsbedürftig, sind eigenes Machwerk.

Sechste Übung

Hier üben und wiederholen Sie die Zeichensetzung inklusive Komma. In den folgenden Passagen ist die Zeichensetzung auf den Schlusspunkt beschränkt. Bitte ergänzen Sie die Satzzeichen, die sonst noch nötig sind. Sie können auch Schlusspunkte aufheben und durch andere Satzzeichen ersetzen, wenn dadurch der Zusammenhang gestärkt wird.

1. Die Juristenausbildung hat allen Veränderungen zum Trotz seit Langem eine Konstante die vielen Klagen die mit ihr einhergehen.

2. Studierende klagen die Stoffmengen seien kaum zu bewältigen. Lehrkräfte klagen das Niveau der Studierenden sei gesunken.

3. Experten kritisieren zudem die Ausrichtung der Ausbildung. Sie sei zu wenig auf den Beruf ausgerichtet den die überwiegende Mehrheit der Absolventen später einmal ergreift auf den Beruf des Anwalts.

4. In der Tat erleben viele Anwälte in der Praxis ein Manko das sie teuer zu stehen kommen kann. Es fehlt ihnen an kommunikativer Kompetenz.

5. Der Mangel macht sich nicht erst im Gerichtssaal bemerkbar wenn ein Plädoyer weniger glänzend ausfällt als es sein sollte. Er offenbart sich oft schon im ersten Mandantengespräch. Er kann dazu führen dass der Mandant nicht wiederkommt.

6. An Mandantengesprächen sind oft besonders in Fällen mit Privatpersonen ungleiche Partner beteiligt. Auf der einen Seite sitzt der Fachmann der zur Sache kommen will. Auf der anderen Seite sitzt eine Person der zumindest nach eigener Auffassung ein Unrecht widerfahren ist oder zu widerfahren droht. Entsprechend sind Emotionen im Spiel.

7. Hinzu kommt dass lange nicht jede Person in der Lage ist einen Fall abzugrenzen. Wenn es etwa in einem Nachbarschaftsstreit

um Hundegebell geht kommen ruckzuck auch andere Ärgernisse auf den Tisch. Ein Streit ums Erbe kann ganze Familiengeschichten zutage fördern. Die will und kann der Anwalt sich nicht anhören.

8. Allerdings gibt es auch einen Punkt den der Anwalt unbedingt hören muss der aber allzu oft untergeht das Ziel des Mandanten.

9. Das Ziel mag dem Mandanten selbst nicht klar sein. Er will Gerechtigkeit was immer das heißen mag. In solchen Fällen ist es Aufgabe des Anwalts konkrete Möglichkeiten aufzuzeigen.

10. Ein guter Anwalt nimmt bei Mandantengesprächen die Gesprächsführung von Anfang an in die Hand. So vermeidet er Ausschweifungen Wissenslücken und Missverständnisse. Studierende können daraus eine wichtige Lehre ziehen. Kurse zur Gesprächsführung lohnen sich auch dann wenn sie nicht klausurrelevant sind. Relevant für den Beruf sind sie allemal.

Siebte Übung

In dieser Übung sind Sie zuständig für die Texthaftigkeit. Die folgenden Aussagen stehen zwar in der richtigen Reihenfolge da, aber ohne Verknüpfung. Bitte stellen Sie die Verknüpfung her, indem Sie die Satzstellung anpassen, Sätze nach Bedarf miteinander verbinden, Konnektoren einfügen und die notwendigen und förderlichen Satzzeichen setzen. Benutzen Sie Schmierpapier und testen Sie ruhig unterschiedliche Versionen. Zweck der Übung ist es, dass Sie *alle* Register ziehen, um einen deutlichen Zusammenhang herzustellen.

1. Ein gutes Betriebsklima steigert die Produktivität.
   Zumindest einsichtige Arbeitgeber hegen und pflegen es.
   Betriebsausflüge und Weihnachtsfeiern werden veranstaltet.
   Kommunikative Pausen werden hingenommen, wenn ein Mitarbeiter zum Geburtstag eine Runde spendiert.
   Auch gegen einen scherzhaften Umgang haben sie nichts einzuwenden.
   Ein guter Scherz kann von jetzt auf gleich die Stimmung auflockern.
   Das gemeinsame Lachen motiviert zum gemeinsamen Arbeiten.
   Doch was ist, wenn ein Scherz nicht so gelungen ist?
   Wenn den Kollegen das Lachen vergeht?

Ende 2012 musste sich das Arbeitsgericht Krefeld mit einem solchen Fall auseinandersetzen.

Der folgende Sachverhalt lag dem Verfahren zugrunde.

2. Ein 41-jähriger Gerüstbauer und Vorarbeiter brachte auf einer Baustelle in einem Dixi-Klo einen Feuerwerkskörper zur Explosion.

Ein Kollege hielt sich dort auf.

Der genaue Hergang ist zwischen den Parteien streitig.

Der Vorarbeiter warf nach Angaben des Kollegen den Böller von oben in die Toilettenkabine.

Der Vorarbeiter selbst gibt an, er habe den Böller an der Tür der Toilettenkabine angebracht.

Von dort habe er sich von ihm ungeplant gelöst.

Er sei in die Kabine hineingerutscht.

Er sei dort zur Explosion gekommen.

Der in der Toilette befindliche Kollege wurde durch die Explosion erheblich verletzt.

Er erlitt Verbrennungen am Oberschenkel, im Genitalbereich und an der Leiste.

Er war drei Wochen lang arbeitsunfähig.

Der Vorarbeiter erhielt drei Tage nach dem Vorfall die fristlose Kündigung.

Neunte Lektion
Schliff: Die Verständlichkeit steigern

Diese Lektion hilft Ihnen, Ihre Texte auf Verständlichkeit zu trimmen. Dazu machen Sie sich in einem ersten Schritt klar, welche Anforderungen überhaupt an effektive Kommunikation – und damit auch an Ihre Texte – gestellt werden. Die sind in den Konversationsmaximen nach Grice erfasst. Dann geht es spezifisch darum, wie Sie die geforderte Klarheit erreichen. Wesentliche Kriterien dafür sind Kürze, Einfachheit und Ordnung. Diese Kriterien lernen Sie praktisch umzusetzen, und zwar auf unterschiedlichen Ebenen des Textes.

Nutzwert

Verständlichkeit lässt gerade in Rechts- und Verwaltungstexten oft zu wünschen übrig. Und das ist nicht nur den komplexen Inhalten geschuldet, sondern auch der Herangehensweise beim Formulieren. Dabei wird nämlich zuweilen das Ziel falsch gesteckt. Ziel ist es eben nicht, den Inhalt aufs Papier zu bringen; Ziel muss es sein, dass der Inhalt beim Leser ankommt. Deshalb ist es hilfreich, Kriterien zu haben, mit denen sich der Weg zum Leser systematisch ebnen lässt. Diese Kriterien können Sie sich hier aneignen.

Solange Sie ungeübt sind, werden Sie die Kriterien wahrscheinlich erst bei der Überarbeitung abfragen. Die dürfte bei Klausuren aus Zeitgründen entfallen; bei Hausarbeiten ist sie umso wichtiger. Mit einiger Übung jedoch werden Sie die Kriterien auch schon beim Formulieren anwenden. Sie werden automatisch darauf achten, dass alles, was Sie tun, im Hinblick auf den Leser sinnvoll ist. So heben Sie Ihre Texte auf ein höheres Niveau, und das fällt positiv auf Sie als Verfasser zurück.

Konversationsmaximen

Die Konversationsmaximen sind Regeln, die sicherstellen, dass Kommunikation gelingt. Sie wurden 1968 von dem englischen Sprachphilosophen Paul Grice für Gespräche formuliert, aber sind auch auf schriftliche Texte anwendbar. Sie betreffen die Quantität von Beiträgen, die Qualität, die Relation und die Modalität.

Zur Quantität: Ein Beitrag soll so informativ sein, wie es sein Zweck verlangt; er soll nicht informativer sein als nötig. Das Motto lautet: so viel wie nötig, so wenig wie möglich. Für Klausuren zum Beispiel bedeutet das: Geantwortet wird nur auf das, was gefragt ist. Alles darüber Hinausgehende ist überflüssig, wenn nicht gar schädlich. Das ist der Grund, warum die Fallfrage genau gelesen und verstanden werden muss. Im Anwaltsberuf ist das Maßhalten ebenfalls von größter Bedeutung: Wer zu viel sagt, kann sich um Kopf und Kragen reden.

Zur Qualität: Ein Beitrag soll wahr und verifizierbar sein. Diesen Anspruch kennen Sie als Grundregel des wissenschaftlichen Arbeitens. Es genügt nicht, irgendetwas zu behaupten; vielmehr muss jede Aussage begründet und nachvollziehbar sein.

Zur Relation: Ein Beitrag soll relevant sein; er soll im gegebenen Zusammenhang von Bedeutung sein. *Ohne* Bedeutung ist zum Beispiel Ihre persönliche Meinung oder Weltsicht in einem Gutachten. Das ist der Grund, warum sowohl die Ich-Form als auch Abtönungspartikeln (Meinungswörter) – so wie *etwa*, *ja*, *wohl* – unangemessen sind.

Zur Modalität: Ein Beitrag soll verständlich sein. Zu vermeiden sind Unklarheit, Mehrdeutigkeit, Weitschweifigkeit und Ungeordnetheit. Diese Anforderungen sind mit sprachlichen Mitteln zu erfüllen.

Stellen Sie vier Fragen an den Text, um seine Qualität sicherzustellen:
1. Ist genau das gesagt, was erforderlich ist?
2. Ist das Gesagte richtig, wahr und verifizierbar?
3. Ist es im gegebenen Zusammenhang wichtig?
4. Ist es verständlich ausgedrückt?

Verständlichkeitskriterien

Verständlichkeit liegt nicht im Auge des Betrachters, sondern ist eine Eigenschaft von Texten. Diese sind nachweislich besser zu verstehen, wenn sie kurz und knapp gefasst sind, möglichst einfach in der Wortwahl und im Satzbau und außerdem gut gebaut und gegliedert. Sehen Sie sich an, wie diese Merkmale – Kürze, Einfachheit, Ordnung – im Einzelnen umgesetzt werden.

Zur Kürze: Sich kurz zu fassen bedeutet, ohne Umschweife zum Punkt zu kommen. Alles Überflüssige wird weggelassen. Überflüssig sind alle Elemente ohne Mehrwert. Der Mehrwert ist in der Regel ein Zugewinn an Information; er kann aber auch darin liegen, dass eine bestimmte Satzstellung ermöglicht wird oder die Formen der Höflichkeit eingehalten werden.

Überflüssig ist zum Beispiel die Häufung sinngleicher Ausdrücke nach dem Muster der *nutzlosen Vergeudung* oder der *Erlaubnis, etwas tun zu dürfen*. Weitere Elemente, bei denen Sie aufpassen sollten, sind die folgenden:

- Wörter mit verstärkender Wirkung: *absolut, äußerst, enorm, extrem, gänzlich, hochgradig, total, völlig*
- Wörter mit abschwächender Wirkung: *eigentlich, gewissermaßen, irgendwie, praktisch, sozusagen*
- wertende Adjektive: *ausgezeichnet, löblich, unerträglich, unsäglich*
- gestreckte Formen: *in keiner Weise* für *nicht, eine Beobachtung machen* für *beobachten, in Erfahrung bringen* für *erfahren*
- Hauptsätze ohne Inhalt: *Tatsache ist, …* ; *An dieser Stelle sei angemerkt, dass …; Hier ist festzustellen, dass …*
- allgemeine Bemerkungen zur Welt: *Es gehört mit zum Allgemeinwissen, dass …; Wie allseits bekannt sein dürfte, …*

Wenn Sie sich nicht sicher sind, ob ein Element – egal welcher Größenordnung – notwendig ist oder nicht, können Sie sich mit einem einfachen Test helfen: mit der Weglassprobe. Lassen Sie das Element weg und prüfen Sie, ob die Botschaft trotzdem erhalten bleibt. Wenn ja, dann ist das Element verzichtbar.

Zur Einfachheit: Das Schreiben einfach zu halten bedeutet, möglichst mit gängigen Wörtern zu arbeiten und die Sätze möglichst kurz zu halten. Das „möglichst" ist eine entscheidende Einschränkung. Denn in juristischen Fachtexten kommen zwangsläufig Fachwörter vor, die eben nicht jedermann geläufig sind; und die Sätze sind zwangsläufig umfangreich, wenn sie zahlreiche Einschränkungen und Bedingungen enthalten. An diesen Erfordernissen ist nichts zu ändern. Sie sollten allerdings umso mehr Grund sein, Satzbau und Wortwahl nicht noch *unnötig* zu belasten. Sätze sollten trotz aller Komplexität des Inhalts überschaubar bleiben. Nutzen Sie dazu die Strategien, die Sie in der zweiten und dritten Lektion geübt haben.

Wenn Wörter zur Wahl stehen, wenn es sich also *nicht* um Fachbegriffe handelt, dann helfen die folgenden Richtlinien:

- lieber kurz als lang: *Fragen* statt *Fragenkomplex*; *Entscheidung* statt *Entscheidungsprozess*; *Anmerkungen* statt *Anmerkungsapparat*

- lieber konkret als abstrakt: *Buch* statt *Lesestoff*; *Hausarbeit* statt *Leistungsnachweis*; *Lob* statt *positive Rückmeldung*
- lieber deutsches Wort als Fremdwort: *verwirklichen* statt *realisieren*; *Vorzug* statt *Präferenz*; *wortreich* statt *verbos*

Zum Umgang mit den Richtlinien: Sie geben eine Richtung vor. Wenn Sie hier und da aus gutem Grund davon abweichen, wird das Ihrem Text nicht schaden. Nur die Richtung umkehren, das sollten Sie nicht. Denn das würde die Verständlichkeit mindern.

Zur Ordnung: Ordnen bedeutet auffindbar machen. In einem ungeordneten Text kann selbst das beste Argument verloren gehen; in einem geordneten Text wird es genau an der Stelle zu finden sein, wo es von der Logik her zu vermuten ist. Der Leser braucht also nicht suchend durch den Text zu irren, sondern kann sich auf ein Leitsystem verlassen.

Wie die Ordnung in Gutachten aussieht, das lernen Sie mit dem Gutachtenstil. Wie Sie Inhalte innerhalb des Satzes anordnen, das haben Sie in den Lektionen zwei, drei und acht gelernt. Hier bleibt deshalb nur noch eine Frage zu klären: wie Sie Absätze als Strukturelement nutzen.

Ein Absatz ist die nächstgrößere Sinneinheit nach dem Satz. Er wird kenntlich gemacht durch eine Leerzeile oder durch einen Einzug. Ein Absatz umfasst Sätze, die inhaltlich und durch die Mittel der Kohäsion auch äußerlich miteinander verknüpft sind und zusammen einen Punkt abhandeln. Die Abhandlung sollte vollständig sein und nicht in den nächsten Absatz überhängen. Der nächste Absatz sollte einen neuen Punkt behandeln. Wenn Sie diesen Ablauf – jeder Absatz ein Punkt für sich – zuverlässig einhalten, reicht Ihr Leitsystem bis zur untersten Ebene. Der Leser kann Ihnen Schritt für Schritt folgen und den Text umso besser verstehen.

Drei Fragen zur Verständlichkeit:
1. Ist jedes Wort für etwas gut?
2. Ist alles so einfach wie möglich?
3. Ist die Ordnung logisch, erkennbar und verlässlich?

Übungen

Erste Übung

In dieser Übung geht es um die Konversationsmaximen, genauer gesagt um die Maxime der Relevanz. Bitte lesen Sie die folgenden Textpassagen und finden Sie die Stellen, wo diese Maxime verletzt wird.

1. Die Polizei verzeichnet einen bedauerlichen Anstieg im Bereich des Taschen- und Trickdiebstahls in der Innenstadt und hat bereits Maßnahmen zur Bekämpfung des Phänomens eingeleitet.
2. Ein weibliches Duo erbeutete am Dienstag, dem 15.05.20xx, aus einem Schuhgeschäft in der A-Straße eine Geldkassette mit 500,-- Euro Bargeld. Die beiden Frauen betraten gemeinsam den Laden und bekundeten starkes Interesse an diversen Schuhen, was in Anbetracht des geschmackvollen Sortiments nicht weiter auffällig war.
3. Während die eine Frau sich von dem einzigen Verkäufer im Laden bedienen und beraten ließ, schaute die andere sich selbstständig um. Als der Verkäufer auf Bitte seiner Kundin hin ins Lager ging, um weitere Schuhe in ihrer Größe zu holen, nutzten die Frauen die Gelegenheit und schnappten sich die Geldkassette aus dem Verkaufstresen. Der Verkäufer, der aus Afghanistan stammt, beschreibt die beiden Frauen wie folgt: …
4. Der Verkäufer wird die Frage beantworten müssen, ob er die Geldkassette etwa unverschlossen aufbewahrt hat.
5. Regelmäßig schließt der Vater zweier Kinder die Geldkassette im Verkaufstresen ab. Zu Abweichungen von dieser Regel kann es kommen, wenn unmittelbar nach einem Verkauf neue Kunden den Laden betreten und seine Aufmerksamkeit für sich beanspruchen.

Zweite Übung

Thema dieser Übung ist Kürze. Bitte streichen Sie überflüssige Wörter und Wortbestandteile. Ersetzen Sie gestreckte durch gestraffte Formen, und nehmen Sie die jeweils notwendigen Anpassungen vor.

1. Eine 16-jährige Schülerin hatte auf dem Weg zur Schule im Bus der Linie 1 ihr iPhone verloren. Wenige Stunden später meldete sich der angebliche Finder unter einem Fake-Account via Facebook

und forderte die Schülerin auf, ihm anzügliche Nacktfotos von ihr zu schicken. Nur dann bekomme sie ihr verlorenes iPhone zurück.

2. Zur Bekräftigung postete er ein anzügliches Bild auf einem Account der Schülerin. Die Jugendliche ließ sich absolut richtigerweise nicht auf die Forderung ein.

3. Die Forderung des Finders ist keine kleine Lappalie, sondern strafrechtlich relevant.

4. Das Polizeipräsidium hat hilfreiche Tipps und Hinweise für Jugendliche, wie sie sich am besten verhalten sollten, wenn sie auf diese Weise angegangen werden.

5. Auf keinen Fall dürfen beleidigende oder bedrohliche Nachrichten einfach hingenommen und toleriert werden.

6. Allerdings sollten Kinder und Jugendliche den Umgang mit solchen Nachrichten nicht selbst in die eigene Hand nehmen; stattdessen sollten sie Eltern und andere Vertrauenspersonen informieren.

7. Bei Schülern sollte auch die Schule informiert werden, damit sie in der Lage ist, bei der Aufklärung mitwirken zu können.

8. Beweismaterial, selbst wenn es den Betroffenen hochnotpeinlich ist, sollte aufbewahrt werden.

9. Der vorliegende Fall der Schülerin zeigt, wie wichtig es ist, dass Kinder und Jugendliche die Tragweite ihrer Aktivitäten im Internet verstehen.

10. Bei vielen ist das Knowhow im Bereich der technischen Anwendung um einiges größer als das Verständnis des sozialen Handelns.

Dritte Übung

Es geht um Kürze. Bitte streichen Sie alle Wortbestandteile, Wörter, Phrasen und Satzteile, die nichts zum Inhalt beitragen. Nehmen Sie beim Rest die notwendigen Anpassungen vor.

1. Cybermobbing ist ein zunehmendes Problem. Tatsache ist, dass insbesondere Schulen damit zu kämpfen haben.

    Insbesondere Schulen haben damit zu kämpfen.

2. Hier handelt es sich um ein Phänomen, auf das die Schulen in keinster Weise hinlänglich vorbereitet sind.

    _____

    _____

3. Es wäre absolut keine zielführende Lösung, den Kindern und Jugendlichen den Umgang mit Smartphone und Internet zu verbieten.

_____

_____

4. Stattdessen muss der Aufklärungsprozess früher beginnen.

_____

5. Das so genannte „Sexting" – eine zusammengesetzte Verschmelzung aus „Sex" und „texting" – betrifft mittlerweile schon 13-Jährige, und zwar überwiegend Mädchen.

_____

_____

6. Diese machen freizügige Nacktfotos von sich selbst und schicken diese über Whats-App oder Facebook an ihre Partner, die sie weiter verbreiten.

_____

_____

7. Für die Mädchen beginnt in der Folge ein veritables Spießrutenlaufen, dem sie psychisch nicht gewachsen sind. Manche denken sogar an Selbstmord und sind suizidgefährdet.

_____

_____

_____

8. Den Lehrkräften an den Schulen und selbst den Eltern zuhause bleibt das Geschehen oft verborgen, da die Mädchen aus dem Gefühl der Scham heraus Verschwiegenheit bevorzugen.

_____

_____

_____

9. Dabei kann gar nicht genug betont werden, wie wichtig gerade die Unterstützung des Elternhauses für die Bewältigung der entstandenen Krise wäre.

_____

_____

_____

10. Ein funktionierendes Sozialleben innerhalb der Familie vermittelt Kindern Stärke und Selbstvertrauen – und ist damit auch gleich die beste Prävention.

_____

_____

_____

Vierte Übung

Hier üben Sie das Vereinfachen. In den folgenden Sätzen finden Sie Ausdrucksweisen, die gedehnt, abstrakt oder in Fremdwörtern daherkommen. Bitte ersetzen Sie diese durch einfachere Formulierungen.

1. Aling unterstützt das Vorhaben des Beling mit einer Förderung in Höhe von 100.000 Euro.

   Aling unterstützt das Vorhaben des Beling mit 100.000 Euro.

2. Beling betont die absolute Wichtigkeit eines systematischen und regelmäßigen Einholens von Feedback vom Kunden.

   _____

   _____

3. Dieses Prozedere biete Möglichkeiten, weitere Bereiche zur Optimierung der Kundenbetreuung ausfindig zu machen.

   _____

_____

_____

4. Dabei sei die Diversität der Bedürfnisse der Kunden zu berücksichtigen.

_____

_____

_____

5. Der persönliche Erstkontakt im Rahmen von Vorträgen und Messen sei zwar ressourcenintensiv, aber von hoher Relevanz in einer Branche, in der neben Kostenaspekten auch immaterielle Aspekte wie Vertrauen über die Auftragsvergabe entschieden.

_____

_____

_____

_____

6. Statt das Problem zu negieren, sollten die Verantwortlichen sich lieber der Ergründung der Ursachen widmen.

_____

_____

7. Die tatsächlich erbrachte Leistung der Beschäftigen des Staates wird wegen persistierender Vorurteile und Klischees über den öffentlichen Dienst nicht immer in angemessener Weise gewürdigt.

_____

_____

_____

_____

8. Dennoch erfährt das Image der Beamtinnen und Beamten und der Angestellten des öffentlichen Dienstes in der Bevölkerung eine zunehmend positive Beurteilung.

_____

_____

_____

9. Angesichts der Herausforderung des demographischen Wandels und der damit einhergehenden Problematiken gewinnt die Ausschöpfung aller Möglichkeiten und Potenziale oberste Priorität.

_____

_____

_____

_____

10. Anlässlich einer Ortsbesichtigung haben wir festgestellt, dass die an der Grundstücksgrenze Ihres Anwesens A-Straße 1 angepflanzten Hecken und Sträucher in den öffentlichen Verkehrsraum hineinragen und für Verkehrsteilnehmer und Verkehrsteilnehmerinnen behindernd wirken.

_____

_____

_____

_____

_____

Fünfte Übung

Hier geht es um Einfachheit und Ordnung auf der Ebene des Satzbaus. Die folgenden Sätze lassen in diesen Punkten zu wünschen übrig. Bitte entwerfen Sie Versionen, die leichter zu lesen sind. Sie können die Sätze umbauen, teilen und bei Bedarf auch kürzen. Wenn Sie Anregungen brauchen, schauen Sie noch einmal in die zweite und dritte Lektion. Benutzen Sie Schmierpapier und testen Sie ruhig mehrere Versionen.

1. Das Jurastudium ist trotz seines Rufes, arbeitsintensiv, schlecht benotet und wegen der Repetitorien, die die meisten Studierenden für ein Muss halten, noch dazu teuer zu sein, unverändert eines der beliebtesten Studienfächer für beide Geschlechter.

2. Auf der Grundlage des Gesetzes zur Reform der Juristenausbildung vom 11. Juli 2002 und der entsprechenden Ländergesetze wurden an den Universitäten Ausbildungs- und Prüfungsinhalte sowie das Prüfungsrecht umfassend modernisiert.

3. Ziel war, unter Beibehaltung der Zweistufigkeit der juristischen Ausbildung und der Einheitlichkeit der Berufsqualifikation für alle Juristinnen und Juristen, die bessere Vorbereitung des juristischen Nachwuchses auf die veränderten Anforderungen der beruflichen, insbesondere der anwaltlichen Praxis.

4. Die Zukunftsstudie ist eines der größten Projekte des DAV der vergangenen Jahre. Ziel war es, die zukünftigen Entwicklungen und Szenarien der Ausgestaltung des (anwaltlichen) Rechtsdienstleistungsmarkts so aufzuarbeiten und darzustellen, dass einerseits die DAV-Mitglieder die notwendige Orientierung zur Aus- und Fortbildung ihres Kanzleimanagements und des – wirtschaftlich immer bedeutender werdenden – Kanzleimarketings und andererseits der DAV als freier Berufsverband der Anwältinnen und Anwälte in Deutschland die notwendigen Grundlagen und Handlungsoptionen zur effektiven und erfolgreichen Interessenvertretung erhalten.

5. Aus der Forschung ist bekannt, dass im Vergleich zu großen Unternehmen, die aufgrund ihres Organisationsgrads, der ausdifferenzierten Arbeitsteilung und der Ressourcenverfügbarkeit zumeist ein professionelles und strategisches Management besitzen, kleine und mittlere Unternehmen mit ihren knappen zeitlichen und finanziellen Ressourcen vielfach ohne Gesamtstrategie am Markt agieren und vor allem in Fragen der Unternehmensführung auf Maßnahmen zurückgreifen, die wenig Kosten und geringen Zeitaufwand verursachen.

Sechste Übung

Hier geht es um Absätze. Die fehlen im folgenden Beispiel. Bitte lesen Sie zunächst den Text als Ganzes und markieren Sie in einem zweiten Durchgang die Stellen, wo ein neuer Absatz beginnen sollte.

Das Studium der Rechtswissenschaft erfreut sich ungebrochener Beliebtheit. Rund 110.000 Studierende sind in den unterschiedlichen Studiengängen an deutschen Hochschulen eingeschrieben. Diese hohe Zahl ist Grund genug zu fragen, was junge Menschen bewegt, diesen Weg zu beschreiten. Gewiss hat jeder und jede Einzelne höchstpersönliche Beweggründe, die ein Produkt der Lebensgeschichte und vielleicht auch von Zufällen sind. Dennoch lassen sich mit einiger Verallgemeinerung drei Gruppen ausmachen: Jura als Verlegenheitslösung, Jura aus Berechnung und Jura aus Idealismus. Dass Jura so häufig als Verlegenheitslösung herhalten muss, liegt einerseits am hohen Ansehen des Fachs, andererseits an weit verbreiteten Fehlvorstellungen. Jura gilt als solide und nützlich, als Fach, mit dem man „was Anständiges" werden kann in der Welt. Zudem ist Jura eines von den Fächern, die jedem Menschen ein Begriff sind. Zumindest halbwegs. Denn immer noch überwiegt die Meinung, es handele sich um ein reines Lernfach, um ein Fach, in dem man mangelndes Talent durch Pauken ausgleichen könne. Wer diesem Irrglauben folgt, wird schmerzlich eines Besseren belehrt. Jura ohne Interesse zu studieren ist ein hartes Brot. Diejenigen, die Jura aus Berechnung studieren, scheinen auf den ersten Blick Realisten zu sein. Immerhin haben sie ein klares Ziel vor Augen: eine steile Karriere mit viel Geld, einem schicken Büro und dienstfertigem Personal. Was bei aller Zielorientierung jedoch fehlt, ist die Kenntnisnahme zweier wesentlicher Fakten. Erstens sind zunächst sechs bis sieben Jahre Ausbildung zu überwinden. Die sind eine lange Zeit, wenn man sie mit Mühsal und Warten verbringt. Zweitens ist der Lohn der Mühen schon lange keine Selbstverständlichkeit mehr. Mit rund 161.000 Anwälten und jährlich 3.000 neuen Zulassungen ist der deutsche Markt gesättigt. Die Stücke vom großen Kuchen werden kleiner. Die Idealisten unter den Studierenden werden ebenso wie die beiden anderen Gruppen ihre Enttäuschungen erleben. Allerdings sind ihre Enttäuschungen anderer Art: Sie sind Teil der Auseinandersetzung mit Recht und Gerechtigkeit, mit allem Menschlichem, mit Gott und der ganzen Welt. Einfache Antworten *kann* es hier nicht geben. In diesem Sinne ist Jura alles andere als ein Paukfach; es ist eine Art, die Welt zu hinterfragen und sich dabei auch selbst zu erkennen.

Zehnte Lektion
Alles in einem: Den Stoff wiederholen und weiterführen

Diese Lektion ist Abschluss und Auftakt zugleich. Zum einen beschlie-
ßen Sie diesen Trainingskurs, indem Sie noch einmal sämtliche The-
men durchgehen. Zum anderen nehmen Sie Anregungen mit, die Ihnen
bei der weiteren Arbeit an Ihrer Sprache helfen. Sie sollten nämlich
gerade jetzt, da Sie die Grundlagen kennen, nicht nachlassen, sondern
Ihr Schreiben umso mehr hegen und pflegen.

Nutzwert

Schreiben wird – so wie alles andere auch – durch Üben besser. Es
wäre ein Trugschluss zu denken, Schreiben gehe wie von selbst, nur
weil man es einmal in der Schule gelernt hat und die Sprache sowie-
so beherrscht. Dann könnte man genauso denken, Sportunterricht und
tägliches Zu-Fuß-Gehen reichen aus, um ein Fußballspiel zu bestreiten. Oder das tägliche Rechtsgeschäft am Kiosk reiche aus, um juristische Fälle zu lösen. Dem ist nicht so.

Schreiben kann viel mehr sein als das bloße Zu-Papier-Bringen
vorgefertigter Gedanken. Es kann Ihnen beim Denken helfen, und es
kann Ihre Gedanken zum Leser tragen. Diese Funktionen können Sie
allerdings nur dann voll ausschöpfen, wenn Sie solide Grundlagen
haben (was jetzt der Fall sein dürfte), wenn Sie mit Aufmerksamkeit
bei der Sache sind und wenn Sie üben, üben und nochmal üben.
Machen Sie das! Dann werden Sie immer besser und immer lieber
schreiben, und der Erfolg wird sich deutlich zeigen.

Erste Übung: Indirekte Rede bilden

In den folgenden Sätzen werden Inhalte in indirekter Rede wiederge-
geben. Was noch fehlt, sind die richtigen Konjunktivformen. Bitte
setzen Sie diese ein.

1. Aling erzählt, er [wohnen] _wohne_ für Hilfe. Sein Mitbewoh-
    ner [sein] _____ 83 Jahre alt und [leiden] _____

unter Herzrasen und Atemnot. Allein das Gehen [bereiten] _____ ihm Probleme, sodass er nicht mehr allzu oft aus dem Haus [kommen] _____.

2. Die beiden Töchter des alten Herrn [kommen] _____ zwar zu Besuch, sooft es [gehen] _____, und [helfen] _____ ihrem Vater, wo sie nur [können] _____; trotzdem [haben] _____ sie in ständiger Sorge um ihn gelebt. Sie [empfinden] _____ es als große Erleichterung, dass noch eine weitere Person im Haus [leben] _____.

3. Auf Belings Frage, wie man sich denn eine solche WG vorzustellen [haben] _____, erzählte Aling, das Zusammenleben [laufen] _____ ganz gut. Als Faustregel solcher Arrangements [gelten] _____, dass man pro Quadratmeter Wohnfläche eine Stunde Arbeit pro Monat [leisten] _____. Daran [halten] _____ sich beide Seiten.

4. Einmal in der Woche [kochen] _____ und [essen] _____ sie zusammen, und donnerstags abends [spielen] _____ sie Schach. Der alte Herr [gewinnen] _____ regelmäßig und [haben] _____ diebische Freude daran.

5. Celing fragte, wie es denn mit Besuch [aussehen] _____. Aling antwortete, theoretisch [können] _____ Gäste kommen. Das [stehen] _____ auch so im Vertrag. Praktisch allerdings [haben] _____ er das Recht noch nie in Anspruch genommen. Er [gehen] _____ nämlich lieber aus, als dass er im Zimmer [hocken] _____.

6. Der Kläger gibt an, aufgrund der geänderten Medikation [sein] _____ eine merkliche Verbesserung seines Gesundheitszustandes eingetreten, sodass er körperlich in der Lage ge-

wesen [sein] _____, Tätigkeiten im Haus seiner Tochter auszuführen. Die Dauer der ärztlich festgestellten Arbeitsunfähigkeit [haben] _____ sich dadurch nicht verlängert.

7. Ein Arbeitnehmer [sein] _____ weder tatsächlich noch rechtlich verpflichtet, dem Arbeitgeber seine Arbeitskraft vor Ablauf des Enddatums der Arbeitsunfähigkeitsbescheinigung anzubieten, wenn er sich gesund und arbeitsfähig [fühlen] _____.

8. Er selbst [haben] _____ an den genannten Tagen nicht mehr als acht Stunden täglich gearbeitet. Pausen [haben] _____ nach Bedarf stattgefunden. Er [haben] _____ sich also immer nur in dem Maße belastet, wie er es im Hinblick auf seine gesundheitliche Situation für vertretbar gehalten [haben] _____.

9. Entgegen der Darstellung der Beklagten [sein] _____ die Tätigkeiten eines Masseurs als Schwerstarbeit einzustufen. Beim Massieren [herrschen] _____ eine Raumtemperatur von in der Regel 26°C; bei der Gymnastik [herrschen] _____ häufig um die 35°C.

10. Es [sein] _____ keineswegs so, dass die Beklagte ihre Mitarbeiter nach Arbeitsunfähigkeitszeiten nur reduziert [einsetzen] _____. Vielmehr [lassen] _____ sie schon drei Tage vor Ablauf der Arbeitsunfähigkeit nachfragen, ob mit einem Wiedereinsatz zu rechnen [sein] _____.

Übungen zum Mitnehmen

1. Hören Sie Nachrichten im Radio und achten Sie speziell auf die Aussageweise. Hier wird Ihnen der Konjunktiv häufig begegnen. Dadurch wird er Ihnen geläufig.
2. Greifen Sie beim Lesen immer mal einen Abschnitt heraus und geben Sie ihn wieder. Beispiel:

Original (SZ 21.11.2013)	Wiedergabe
Die Studierenden üben schon lange Kritik am Bachelor-Master-System. Jetzt gestehen auch die Hochschulrektoren ein, dass es Versäumnisse bei der Umsetzung des Bologna-Prozesses gibt. Vor allem in einem Bereich sehen sie Nachbesserungsbedarf.	In der Zeitung steht, die Studierenden übten schon lange Kritik am Bachelor-Master-System. Jetzt geständen auch die Hochschulrektoren ein, dass es Versäumnisse bei der Umsetzung des Bologna-Prozesses gebe. Vor allem in einem Bereich sähen sie Nachbesserungsbedarf.

3. Benutzen Sie die indirekte Rede auch beim Erzählen. Sie ist keine Kunst, sondern Gewohnheitssache.

Zweite Übung: Überschaubare Sätze bauen

Die folgenden Sätze sind mit Informationen überladen und deshalb aus den Fugen geraten. Bitte ändern Sie das. Benutzen Sie Schmierpapier und testen Sie ruhig mehrere Versionen.

1. Nachdem der Mitarbeiter Deling von Mai 2001 bis August 2010 im Kindergarten- und Hortbereich eingesetzt war, wo er Kinder der Lebensalterstufen von drei bis acht Jahren betreute, übernahm er auf Wunsch der Geschäftsleitung Anfang September 2010 Erziehungsaufgaben im Kinderkrippenbereich, wo außer ihm die nur befristet eingestellte Mitarbeiterin Eling sowie der Praktikant Effling tätig waren.

2. Der Fall beginnt damit, dass ein Assistent ein von seiner Chefin ausgefülltes und unterzeichnetes Bestellformular, das auf deren Schreibtisch neben dem Postausgang liegt, in der Annahme, es sei irrtümlich dort liegen geblieben, weiterleitet, wobei er nicht weiß, dass die Chefin sich zwischenzeitlich gegen die Bestellung entschieden hat.

3. Das Gericht verurteilte einen 54-jährigen HIV-positiven Mann, der, obwohl er um seine HIV-Infektion und das sich daraus ergebende Ansteckungsrisiko wusste, seine Freundin über Jahre hinweg in Unkenntnis gelassen und bei ungeschütztem Geschlechtsverkehr angesteckt hatte, wegen versuchter gefährlicher Körperverletzung in 80 Fällen zu dreieinhalb Jahren Haft.

Tipp zum Mitnehmen

Wenn Sie merken, dass Sie sich in einem Satz verheddern, fangen Sie neu an. Sortieren Sie – im Kopf oder auf einem Blatt Papier – die Fakten, die Sie vermitteln möchten. Dann stellen Sie jeden Gedanken in einen Satz für sich. Den Zusammenhang zeigen Sie mit den Mitteln der Kohäsion.

Dritte Übung: Satzklammern lockern

In den folgenden Sätzen sind die Satzklammern (grau hinterlegt) weit gedehnt. Bitte entspannen Sie die Sätze.

1. Aling ist seit seinem siebten Lebensjahr, als seine Eltern bei einem Autounfall ums Leben kamen, bei seinen Großeltern aufgewachsen.

    _____

    _____

    _____

2. Beling will sein Kellerzimmer, in dem er beim Saubermachen hinter dem Bett Schimmel entdeckt hat, so schnell wie möglich zugunsten eines trockenen, hellen und erschwinglichen Domizils aufgeben.

    _____

    _____

    _____

    _____

3. Vom Vermieter wird ihm verschwenderisches Heizen und falsches Lüften und somit eine Mitschuld an dem Schimmelbefall, den es bei der Vormieterin angeblich noch nicht gegeben hat, vorgeworfen.

    _____

    _____

    _____

    _____

4. Der arbeitsunfähig erkrankte Arbeitnehmer lehnt trotz einer deut-
    lichen Verbesserung seines Gesundheitszustandes eine vorzeitige
    Wiederaufnahme der Arbeit aus Sorge, er sei der Belastung am
    Arbeitsplatz nicht gewachsen, ab.

    _____

    _____

    _____

    _____

5. Die Eigentümergemeinschaft streitet darüber, ob ein Flachdach,
    dessen Begrünung 2005 beschlossen und ausgeführt wurde, in
    der Folgezeit jedoch mangels Pflege eingegangen ist, erneut be-
    grünt werden muss.

    _____

    _____

    _____

    _____

Übung zum Mitnehmen

Nehmen Sie sich beim Lesen immer mal ein paar Sätze vor und
identifizieren Sie deren Satzklammern. Damit schärfen Sie Ihren
Blick für das, was zusammengehört.

Vierte Übung: Kommas setzen

In den folgenden Sätzen sind sämtliche Kommas gelöscht. Bitte setzen Sie die Kommas wieder ein. Wenn Sie die Übung weiter vertiefen
möchten, können Sie zusätzlich Ihr Vorgehen begründen. Hier sind
Stichworte, die Ihnen dabei helfen: *Satzebene*, *Hauptsatz-Reihe*, *Infinitiv*, *Beisatz*, *Zusatz*, *Gegensatz*, *Aufzählung*.

1. Celing hat vor einen zweiten Job anzunehmen weil er dringend
    Geld braucht. Er will seine Freundin besuchen die ein Auslands-
    semester in Madrid verbringt und mit ihr zusammen durch Spa-

nien reisen. Danach wird er vier Wochen lang nichts anderes tun als lernen.

2. Er hat Vorstellungsgespräche vereinbart für Montag den 17.05.20xx und für Donnerstag den 20.05.20xx. Das zweite Gespräch dürfte soweit sich das nach einem Telefonat beurteilen lässt das interessantere sein.

3. Deling der gerne im Freien ist bietet seine Dienste als Gartenhelfer an. Er sagt er könne nicht nur dasitzen und lernen sondern müsse auch körperlich ausgelastet sein. Er brauche sowohl das geistige als auch das zupackende Arbeiten.

4. Werbung macht er durch Aushänge am schwarzen Brett an Bushaltestellen in Lebensmittelgeschäften und in Bäckereien. Mittlerweile ist ein weiteres Werbemittel dazugekommen nämlich die Mund-zu-Mund-Propaganda.

5. Eling will lieber auf Sparflamme leben als nebenbei arbeiten. Er konzentriert sich stärker aufs Studium als Celing und Deling. Denn er hat bereits durch einen Studien- und Ortswechsel mehr Zeit vertrödelt als ihm lieb war.

6. Er nimmt in Kauf dass er sich einschränken muss und dass er vom studentischen Leben kaum etwas mitkriegt. Es stört ihn nicht dass seine Kommilitonen denken dass er ein Streber sei.

7. Er möchte seine Prüfungen mit Bravour bestehen und Richter werden und das möglichst ohne Verzug.

8. Der Professor ein alter Choleriker und sein Assistent tun sich schwer damit, auf Fragen einzugehen. Sie verweisen auf Skripten und Lehrbücher und damit sind für sie alle Unklarheiten beseitigt.

---

9. Der Professor sein Assistent und eine studentische Hilfskraft arbeiten an einer Neuauflage des Skripts. Der Assistent liefert den Inhalt die Hilfskraft bringt den Text in Form und der Professor schreibt ein Vorwort.

---

10. Der Kläger hat erstinstanzlich beantragt festzustellen dass das zwischen den Parteien bestehende Arbeitsverhältnis durch die fristlose Kündigung vom 10.05.20xx nicht aufgelöst worden ist. Die Beklagte hat beantragt die Klage abzuweisen.

Übung zum Mitnehmen

Wenn Sie sich bei der vorherigen Übung unsicher waren, bilden Sie selbst Übungssätze zu den einzelnen Kommaregeln:

- fünf Sätze, in denen die Satzebene wechselt
  Muster: *Der Mann arbeitete im Haus seiner Tochter* [HS], *obwohl er krankgeschrieben war* [NS].

- fünf Sätze mit satzwertigem Infinitiv
  Muster: *Ein arbeitsunfähig erkrankter Arbeitnehmer hat die Pflicht, an seiner Genesung mitzuwirken.*

- fünf Sätze mit Beisatz
  Muster: *Der Arbeitgeber, ein Kurbetrieb, beschäftigt ca. 30 Mitarbeiter.*

- fünf Sätze mit Zusatz
  Muster: *Der Arbeitnehmer arbeitete im Haus seiner Tochter, und das trotz Krankschreibung.*

- zwei Sätze mit Gegensatz
  Muster: *Er war nicht nur Handlanger für andere, sondern verrichtete selbst schwere Arbeit.*

- zwei Sätze mit Aufzählung
  Muster: *Der Detektiv beobachtete ihn bei Schleifarbeiten, beim Fensterputzen, beim Einkaufen im Baumarkt und beim Ausladen eines Schrankes.*

Fünfte Übung: Komma und weitere Satzzeichen nutzen

In den folgenden Passagen steht als einziges Satzzeichen der Schlusspunkt. Bitte ergänzen Sie alle fehlenden Satzzeichen. Ersetzen Sie den Schlusspunkt durch ein anderes Satzzeichen, wenn dadurch der Zusammenhang deutlicher herausgestellt wird.

1. Aling Beling und Celing diskutieren arbeitsrechtliche Fragen insbesondere den Kündigungsschutz. Aling stellt das damit verbundene Dilemma dar. Einerseits brauchen Arbeitnehmer ein Gefühl der Sicherheit um gute Arbeit zu leisten. Andererseits kann gerade das Gefühl der Sicherheit sie dazu verführen ihren Einsatz zu reduzieren.

2. Arbeitgeber beklagen dass es fast unmöglich sei so genannte „Low Performer" loszuwerden. Dabei sei der Schaden immens. Sie erbrächten nämlich nicht nur selbst eine dürftige Leistung sondern demotivierten auch die Leistungsträger.

3. Das Ganze sei ungerecht und absurd. Die Leistungsträger die sich ohnehin schon anstrengten müssten zusätzliche Aufgaben übernehmen und Überstunden machen. Die Minderleister die sich schonten würden gerne in den Feierabend oder Urlaub verabschiedet.

4. In den USA dort sind die Methoden wenig zimperlich wird das Damoklesschwert der Kündigung wegen Minderleistung genutzt um Mitarbeiter zu Höchstleistungen anzuspornen. Kurzfristig mag diese Methode Erfolg haben. Langfristig jedoch wird ein solcher Erfolg kaum zu halten sein.

5. In Deutschland liegen die Hürden für die Kündigung wegen Minderleistung sehr hoch. Arbeitnehmer schulden grundsätzlich keinen Erfolg ihrer Tätigkeit. Sie müssen sich lediglich im Rahmen ihrer Fähigkeiten bemühen. Also muss der Arbeitgeber nachweisen dass der Arbeitnehmer schlechter arbeitet als er könnte und das ohne guten Grund.

6. Die Gründe warum ein Arbeitnehmer nicht die gewünschte Leistung erbringt können vielfältig sein. Es können zum Beispiel private Schwierigkeiten Mobbing oder auch Krankheit dahinter-

stecken. Oder der Arbeitnehmer ist für seine Tätigkeit schlicht nicht qualifiziert.

7. Im Falle mangelnder Qualifikation ist das Unternehmen verpflichtet mit entsprechenden Schulungen nachzuhelfen. Ebenso muss das Unternehmen dafür sorgen dass der Arbeitnehmer die an ihn gerichteten Erwartungen kennt. Dazu bieten sich Zielvereinbarungen an je klarer desto besser.

8. Wenn sich trotz konkreter Absprachen keine Besserung einstellt muss der Vorgesetzte über einen längeren Zeitraum die Leistungsmängel dokumentieren. Als nächster Schritt folgt die Abmahnung und erst dann als letztes Mittel kommt die Kündigung in Betracht.

9. Beling der bereits eine betriebliche Ausbildung absolviert hat und die Praxis kennt sieht einen Knackpunkt in der Rolle der Vorgesetzten. Oft sei es nämlich gerade deren mangelnde Führungskompetenz die Arbeitnehmer zur Minderleistung treibe.

10. Minderleistung sei in diesen Fällen nichts anderes als passiver Widerstand gegen Führungsversagen. Dies sei jedoch noch schwieriger nachzuweisen als die Leistungsmängel des Arbeitnehmers und deshalb kaum zu ändern.

Sechste Übung: *Das* und *dass* unterscheiden

In den folgenden Sätzen sind Lücken zu schließen: mit dem Artikel *das* (A), dem Demonstrativpronomen *das* (D), dem Relativpronomen *das* (R) oder der Konjunktion *dass* (K). Bitte geben Sie an, welches dieser Wörter jeweils gebraucht wird.

1. Aling sagte, _das_ (A) Ergebnis der Klausur habe ihn selbst überrascht. Zwar habe er schon beim Schreiben ein gutes Gefühl gehabt, aber _____ (___) sei noch lange keine Garantie, _____ (___) die Note entsprechend gut ausfalle.

2. Beling sagte, _____ (___) ihm der Übungsfall aus der Stunde vor der Klausur sehr geholfen habe. Er habe alles Wesentliche enthalten, _____ (___) man für die Lösung gebraucht habe.

3. Celing fand, _____ (___) genau dieser Fall Verwirrung gestiftet habe. Er sei dem Klausurfall so ähnlich gewesen,

_____ (___) er die Fragen nicht richtig gelesen habe. So habe er drauflosgeschrieben, ohne _____ (___) Thema erfasst zu haben. Und _____ (___) sei gründlich danebengegangen.

4. Deling sagte, _____ (___) er _____ (___) anfangs auch so gemacht habe: Aus Angst, _____ (___) er mit der Zeit nicht hinkomme, habe er _____ (___) Lesen auf ein bloßes Überfliegen reduziert. Doch nach zwei verpatzten Klausuren wisse er nun, _____ (___) Lesen ein unerlässlicher Teil der Bearbeitung sei.

5. Eling gab zu bedenken, _____ (___) man auch später im Beruf keine Mandanten vertreten könne, ohne _____ (___) man deren Unterlagen studiert habe.

6. Der Arbeitgeber hatte Hinweise erhalten, _____ (___) der arbeitsunfähig erkrankte Arbeitnehmer im Wohnhaus seiner Tochter Renovierungsarbeiten durchführe.

7. Der Arbeitnehmer argumentierte, _____ (___) _____ (___) Mithelfen im Haus seiner Tochter, _____ (___) er mit Pausen und nach selbstbestimmtem Rhythmus gestaltet habe, ihn nicht angestrengt habe und mit seiner beruflichen Tätigkeit nicht vergleichbar sei.

8. Eine Verdachtskündigung kann gerechtfertigt sein, wenn sich starke Verdachtsmomente auf objektive Tatsachen gründen, die Verdachtsmomente geeignet sind, _____ (___) für die Fortsetzung des Arbeitsverhältnisses erforderliche Vertrauen zu zerstören, und der Arbeitgeber alle zumutbaren Anstrengungen zur Aufklärung des Sachverhalts unternommen, insbesondere dem Arbeitnehmer Gelegenheit zur Stellungnahme gegeben hat.

9. Der Verdacht muss dringend sein. Es muss eine große Wahrscheinlichkeit dafür bestehen, _____ (___) er zutrifft.

10. Die Umstände, die den Verdacht begründen, dürfen nach allgemeiner Lebenserfahrung nicht ebenso gut durch ein Geschehen zu erklären sein, _____ (___) eine außerordentliche Kündigung nicht zu rechtfertigen vermöchte.

Übung zum Mitnehmen

Bestimmungsübungen wie oben können Sie bei jedem beliebigen Text durchführen. Greifen Sie einfach ab und zu ein paar Sätze heraus und sagen Sie, um was für ein *das/s* es sich jeweils handelt.

Siebte Übung: Groß- und Kleinschreibung erkennen

In den folgenden Passagen sind alle Wörter außer denen am Satzanfang kleingeschrieben. Bitte entscheiden Sie, welche Wörter großzuschreiben sind.

1. Aling kann sehr gut reden. Ihm wird es ein leichtes sein, plädoyers zu halten. Was er noch üben muss, ist das schweigen. Er fühlt sich berufen, zu allem etwas zu sagen. Das ist leider nicht immer etwas passendes.
2. Beling hat die gabe, andere zum reden zu bringen. Entweder hat er etwas vertrauenerweckendes an sich, oder er hat einfach die geduld zu warten, bis sein gegenüber das schweigen nicht mehr aushalten kann.
3. Celing behauptet, vom vielen reden kopfschmerzen zu kriegen. Ihn nervt es, wenn zehn leute das gleiche sagen, nur damit es jeder einmal gesagt hat.
4. Deling hört sich einiges an, bevor er etwas sagt. Er weiß, dass weniger mehr ist, und er hält sich daran.
5. Eling ist immer der erste, der den mund aufreißt, und der letzte, der handelt.
6. Im allgemeinen ist die mitarbeiterin sehr zuverlässig. Dass der auftrag nicht fristgemäß bearbeitet wurde, dürfte am allgemeinen tumult wegen der insolvenzgerüchte gelegen haben.
7. Am samstagabend gegen 19:00 Uhr näherte sich ein radfahrer an der ecke aachener straße/bergische straße einem passanten und riss diesem im vorbeifahren das iphone aus der hand.

8. Gewaltsam hat ein unbekannter dieb gestern nachmittag gegen 17:00 Uhr einer 70-jährigen frau die handtasche gestohlen. Er näherte sich der frau von hinten, als diese vor der haustür ihren schlüssel suchte. Der täter riss so heftig an der tasche, dass die 70-jährige zu boden stürzte.

9. Sämtliche hunde im tierheim beherrschen oder üben das an-der-leine-laufen. Leinenführigkeit gehört mit zur verkehrssicherheit.

10. Das laubkehren muss in abhängigkeit vom laubfall vorgenommen werden. Mag dabei auch nicht solche eile geboten sein wie beim winterdienst, so kann ein liegenlassen von laubmassen über einen zeitraum, der zur bildung einer stärkeren laubdecke mit tiefliegenden, vermoderten und deshalb glitschigen schichten führt, nicht hingenommen werden.

Achte Übung: Auf Verben setzen

Die folgenden Sätze enthalten Nomen, deren Inhalt in Verben ausgedrückt werden könnte. Bitte formulieren Sie die Versionen mit Verb.

1. Die Teilnahme an der wöchentlichen Besprechung ist für den Arbeitnehmer verpflichtend.

   Der Arbeitnehmer hat an der wöchentlichen Besprechung teilzunehmen.

2. Auf Verlangen des Vorgesetzten hat der Arbeitnehmer über die von ihm bearbeiteten Angelegenheiten Bericht zu erstatten.

3. Zur Aufklärung des Sachverhalts hat der Arbeitgeber eine Detektei mit der Überwachung des Arbeitnehmers beauftragt.

4. Faktoren wie Überforderung, Zeitdruck und Leistungsverdich-
   tung können zu einer Beeinträchtigung der Gesundheit des Arbeitnehmers führen.

   _____

   _____

   _____

   _____

5. Weiterbildung im Betrieb dient der Erschließung von Fachkräf-
   tepotenzial und der Sicherung von Arbeitsplätzen.

   _____

   _____

   _____

6. Kompetentes Führungsverhalten setzt auf Seiten der Führungskraft eine Bewusstmachung der eigenen Rolle und ein Annehmen
   der daraus erwachsenden Verantwortung voraus.

   _____

   _____

   _____

7. Berufliche Weiterbildung soll den Beschäftigten den Erhalt, die
   Verbesserung oder Erweiterung ihrer beruflichen Qualifikation
   ermöglichen.

   _____

   _____

   _____

8. Die Inanspruchnahme von Bildungsurlaub ist vor allem bei Beschäftigten des öffentlichen Dienstes beliebt.

   _____

   _____

   _____

9. Eine Erstattung der Anzahlung bei Rücktritt vom Teilnahmevertrag ist nur möglich, wenn eine schriftliche Ablehnung des Arbeitgebers vorgelegt wird.

_____

_____

_____

10. Die Parteien haben unter Ausklammerung strittiger Details eine vorläufige Einigung erzielt.

_____

_____

_____

Neunte Übung: Straffen und vereinfachen

In dieser Übung dürfen Sie den Rotstift ansetzen und alles streichen, was nicht notwendig ist. Das kann ein Wortbestandteil sein, ein Wort, eine Phrase oder ein ganzer Satz. Wo die Streichung den Satzbau betrifft, nehmen Sie bitte die notwendigen Anpassungen vor.

1. Bildungsurlaub zur Schulung für die Wahrnehmung eines Ehrenamtes soll Beschäftigte in die Lage versetzen, ein übernommenes Ehrenamt ausüben zu können.

_____

_____

2. Freiwilliges Ehrenamt ist ein Grundpfeiler der Zivilgesellschaft.

_____

_____

3. Allerdings ist an dieser Stelle auf die Nachwuchsprobleme hinzuweisen, mit denen das Ehrenamt zu kämpfen hat.

_____

_____

4. Bedingt durch das G8-Abitur und die Bologna-Reform bleibt,
   wie man sich leicht ausrechnen kann, vielen jungen Menschen
   nur wenig Zeit zur freien Verfügung.

   _____

   _____

5. In dieser wenigen Zeit möchten sie nicht durch eine bindende
   Verpflichtung festgelegt sein.

   _____

   _____

6. Dies bedeute aber mitnichten, so Aling, dass junge Leute kein
   Interesse hätten an der Mitgestaltung des gesellschaftlichen Geschehens.

   _____

   _____

7. Dieses Interesse sei deutlich auf der Straße zu sehen: Es seien
   vor allem junge Leute, die gegen Umweltzerstörung, Massen-
   tierhaltung, Lebensmittelverschwendung etc. pp. demons-
   trierten.

   _____

   _____

8. Insofern handele es sich, so Aling, seiner Meinung nach nicht um
   eine rückläufige Entwicklung des freiwilligen Engagements junger Leute, sondern lediglich um eine andere Art, dieses wahrzu-
   nehmen.

   _____

   _____

9. Dem kann man mit Fug und Recht entgegenhalten, dass es aber
   gerade die Verbindlichkeit ist, die das Ehrenamt auszeichnet.
   Keine Jugendmannschaft kann etwas werden, wenn der Trainer
   nur nach Lust und Laune und in zufälligen Freistunden auf dem

Platz erscheint. Das müsste an und für sich jedem einsichtigen Menschen klar sein.

10. Vor einer Fortsetzung der Diskussion müsste man in Erfahrung bringen, wie das Zahlenmaterial aussieht.

Tipp zum Mitnehmen

Kürzen erfordert sehr viel Disziplin, denn es kann bedeuten, dass man mühevoll entwickelte Formulierungen über Bord werfen muss. Üben Sie es deshalb immer wieder und mit unterschiedlichen Textsorten, so etwa mit Kommentaren oder Blogs. Setzen Sie sich als Ziel einen Text, in dem jedes Wort gebraucht wird.

Zehnte Übung: Zusammenhänge verdeutlichen

In der letzten Übung können Sie kreativ sein und selbst einen Text schreiben. Die Fakten sind stichwortartig vorgegeben. Die sollten Sie – vielleicht auch mehrfach – von Anfang bis Ende lesen, damit Sie wissen, worum es geht. Dann planen Sie bitte Ihren Text. Wie viele Absätze soll er haben? Schließlich formulieren Sie und achten dabei besonders auf die Verknüpfungen, die die Zusammenhänge stärken. Ziel ist ein schlüssiger Text, der in allen Punkten richtig ist und sich noch dazu gut liest.

Arbeitsgericht Gelsenkirchen: Anspruch auf Anteil der Sammelteller-Einnahmen für Toilettenaufsicht? – Klägerin bis Juni 2013 als Toilettenaufsichtsperson („Sitzerin") bei Gladbecker Reinigungsunternehmen beschäftigt – Einsatz im Centro Oberhausen – Stundenlohn 5,20 Euro brutto – Centro Oberhausen: Toilettennutzung unentgeltlich, jedoch Tische mit Sammeltellern für Obolus – Aufgaben der Klägerin: weißen Kittel tragen, sich in der Nähe der Sammelteller aufhalten, Geld dankend entgegennehmen, Teller regelmäßig leeren, Toiletten kontrollieren, bei Bedarf Reinigungspersonal rufen; *nicht*

zuständig für Reinigung der Toiletten – schriftliche Arbeitsanweisung
an die Klägerin: 1. gegenüber Besuchern nicht offenbaren, dass nicht
zuständig für Reinigung; 2. auf Fragen zum Verwendungszweck des
Geldes antworten, Geld gehe an Reinigungsunternehmen u. a. für
Personalkosten – Ansicht der Klägerin: Geld steht ihr anteilig zu, da
Besuchern suggeriert wird, es sei Trinkgeld; schätzt Höhe der Einnahmen auf mehrere Hundert Euro an normalen Tagen, auf mehrere
Tausend Euro an Spitzentagen – Ansicht der Beklagten: Klage unbegründet, da Geld nicht Trinkgeld ist, sondern freiwilliges Nutzungs-
entgelt; Besucher verstehen das so – Gericht in Teilurteil: Reinigungsunternehmen muss Auskunft über Höhe der vereinnahmten
Trinkgelder erteilen – Gericht geht von Zahlungsanspruch der Klägerin gegen Reinigungsunternehmen aus; Höhe noch unbestimmt

Quellenverzeichnis

Aus den folgenden Quellen wurden Sätze übernommen, teils wortgetreu, teils zu Übungszwecken leicht verändert.

Erste Lektion

- Landesarbeitsgericht Nürnberg, Urteil vom 16.05.2012, AZ 2 Sa 574/11

Zweite Lektion

- Verwaltungsgericht Kassel, Urteil vom 31.07.2013, AZ 3 K 1407/11.KS
- Leffers, Jochen, „Beleidigungen vor dem Arbeitsgericht: Vorsicht, Facebook", *Spiegel online* am 24.10.2012, http://www.spiegel.de/karriere/berufsleben/facebook-wie-arbeitsgerichte-ueber-beleidigungen-entscheiden-a-863031.html (zuletzt abgerufen am 18.03.2014).
- Arbeitsgericht Bochum, Urteil vom 09.02.2012, AZ 3 Ca 1203/11
- Bundesverfassungsgericht, Pressemitteilung Nr. 51/2013 vom 09.08.2013 zum Beschluss vom 02.07.2013, AZ 1 BvR 1751/12
- „Heirat während Krankschreibung: Sie dürfen die Braut jetzt anheben", *Spiegel online* am 15.08.2013, http://www.spiegel.de/karriere/berufsleben/lagerist-mit-rueckenproblem-verraeterische-facebook-fotos-a-916756.html (zuletzt abgerufen am 18.03.2014).
- Schleswig-Holsteinisches Oberlandesgericht, Pressemitteilung Nr. 9/2013 vom 17.06.2013 zum Urteil vom 05.06.2013, AZ 7 U 11/12
- Arbeitsgericht Berlin, Urteil vom 21.08.2008, AZ 2 Ca 3632/08
- Amtsgericht Offenbach, Urteil vom 25.07.2012, AZ 380 C 268/11
- Landesarbeitsgericht Düsseldorf, Urteil vom 12.06.2013, AZ 7 Sa 1878/12
- Arbeitsgericht Cottbus, Urteil vom 07.11.2007, AZ 7 Ca 1295/07

Dritte Lektion

- „Stellungnahme zu dem dbb Forum Bürokratieabbau", Deutsche Verwaltungsgewerkschaft Hessen, http://www.dvg-hessen.de/?id=archiv (zuletzt abgerufen am 18.03.2014)

- Arbeitsgericht Berlin, Urteil vom 21.08.2008, AZ 2 Ca 3632/08
- Landesarbeitsgericht Berlin-Brandenburg, Urteil vom 10.01.2013, AZ 10 Sa 1809/12
- Amtsgericht Landstuhl, Urteil vom 03.03.2011, AZ 4286 Js 13510/10
- Arbeitsgericht Gelsenkirchen, Urteil vom 17.03.2010, AZ 2 Ca 319/10
- Arbeitsgericht Berlin, Urteil vom 21.07.2011, AZ 17 Ca 1102/11
- Verwaltungsgericht Saarlouis, Beschluss vom 21.08.2013, AZ 10 L 929/13
- Landesarbeitsgericht Hamm, Urteil vom 30.08.2005, AZ 19 Sa 722/05
- Oberlandesgericht Frankfurt, Beschluss vom 19.03.2013, AZ 4 UF 261/12
- „Elektronischer Rechtsverkehr", Hessisches Ministerium der Justiz, http://verwaltung.hessen.de/irj/HMdJ_Internet?cid=ea59aac 5b6c2e6d5f1999ba9251c20cd (zuletzt abgerufen am 18.03.2014).

Vierte Lektion

- Arbeitsgericht Saarlouis, Pressemitteilung zum Urteil vom 28.05.2013, AZ 1 Ca 375/12
- Arbeitsgericht Saarlouis, Urteil vom 28.05.2013, AZ 1 Ca 375/12
- Oberlandesgericht München, Beschluss vom 05.12.2011, AZ 31 Wx 83/11
- Arbeitsgericht München, Urteil vom 05.07.2013, AZ 39 Ca 8384/12

Fünfte Lektion

- Verwaltungsgericht Gießen, Gerichtsbescheid vom 26.04.2013, AZ 7 K 462/13.GI
- Amtsgericht Hanau, Urteil vom 29.03.2012, AZ 32 C 310/11
- Landesarbeitsgericht Mainz, Urteil vom 21.03.2013, AZ 2 Sa 547/12
- Arbeitsgericht Gelsenkirchen, Urteil vom 17.03.2010, AZ 2 Ca 319/10

Sechste Lektion

- Majer, Christian F., „Die Himalaya-Bergtour: Examensklausur Zivilrecht", *Jura Studium & Examen,* Ausgabe 3/2013, Seiten 303-311
- Arbeitsgericht Düsseldorf, Pressemitteilung 50/13 zum Urteil vom 04.09.2013, AZ 8 Ca 7883/12
- Bayerischer Verwaltungsgerichtshof, Beschluss vom 11.12.2012, AZ 17 P 11.2748

Siebte Lektion

- Verwaltungsgericht Trier, Beschluss vom 09.11.2012, AZ 1 L 1179/12.TR
- Verwaltungsgericht München, Beschluss vom 27.03.2013, AZ M 18 S 13.587
- Verwaltungsgericht Ansbach, Beschluss vom 03.06.2013, AZ AN 10 S 13.00940
- Amtsgericht München, Pressemitteilung Nr. 44/13 vom 14.10.2013 zum Urteil vom 26.02.2013, AZ 114 C 31118/12
- Straßenverkehrs-Ordnung vom 06.03.2013, in Kraft getreten am 01.04. 2013

Achte Lektion

- Pressemeldung der Bundespolizeiinspektion Frankfurt/Main vom 21.10.2013, 13:45 Uhr
- Czerny, Olivia, und Tino Frieling, „Meine erste Zivilrechts-Klausur: Die vier Phasen der Klausurerstellung", *Juristische Schulung*, Ausgabe 10/2012, Seiten 877-883
- Amtsgericht Rosenheim, Urteil vom 03.11.2011, AZ 1 Cs 420 Js 18674/11
- Schade, Friedrich, Dirk Beckmann und Stephan Oliver Pfaff. *Fälle zum Arbeitsrecht: Fälle mit Lösungen.* 2., aktualisierte Auflage. Stuttgart: Kohlhammer, 2013, Seiten 3-4
- Himpsl, Franz, „Droht doch mit der Lektüre! Wie Plagiaten in der Wissenschaft beizukommen wäre", *Süddeutsche Zeitung* vom 11.09.2013, Seite 19
- Arbeitsgericht Krefeld, Pressemitteilung Nr. 01/13 vom 02.01. 2013 zum Urteil vom 02.01.2013, AZ 2 Ca 2010/12

Neunte Lektion

- Pressemeldung des Polizeipräsidiums Unterfranken vom 13.11.2013
- „Rechtswissenschaft", http://www.studienwahl.de/de/studieren/studienfelder/rechts-und-wirtschaftswissenschaften/rechtswissenschaft/rechtswissenschaft0186.htm? (zuletzt abgerufen am 18.03.2014)
- Pressemitteilung 20/13 des Deutschen Anwaltvereins (DAV) vom 13.06.2013
- „Der Rechtsdienstleistungsmarkt 2030", http://www.anwaltverein.de/downloads/DAV-Zukunftsstudie-Langversion.pdf (zuletzt abgerufen am 18.03.2014)

Zehnte Lektion

- Landesarbeitsgericht Mainz, Urteil vom 11.07.2013, AZ 10 Sa 100/13
- Budras, Corinna, „Raus mit den Schwachen: Darf Bummelmitarbeitern gekündigt werden?", *FAZ* vom 16./17.11.2013, C 2 Beruf und Chance
- Schleswig-Holsteinisches Oberlandesgericht, Pressemitteilung 14/2013 vom 31.10.2013 zum Urteil vom 08.10.2013, AZ 11 U 16/13
- Arbeitsgericht Gelsenkirchen, Pressemitteilung vom 22.01.2014 zum Teilurteil vom 21.01.2014, AZ 1 Ca 1603/13

Nachschlagewerke

Bußmann, Hadumod, Hrsg. *Lexikon der Sprachwissenschaft.* 4., durchgesehene und bibliographisch ergänzte Auflage unter Mitarbeit von Hartmut Lauffer. Stuttgart: Kröner, 2008.

Duden 1: Die deutsche Rechtschreibung. 24., völlig neu bearbeitete und erweiterte Auflage. Mannheim u. a.: Dudenverlag, 2007.

Duden 4: Die Grammatik. 8., überarbeitete Auflage. Mannheim u. a.: Dudenverlag, 2009.

Duden 9: Richtiges und gutes Deutsch: Wörterbuch der sprachlichen Zweifelsfälle. 7., vollständig überarbeitete Auflage. Mannheim u. a.: Dudenverlag, 2011.

Handbuch der Rechtsförmlichkeit. Herausgegeben vom Bundesministerium der Justiz. 3., neu bearbeitete Auflage, 2008. Als Download unter *http://www.bmj.de/SharedDocs/Downloads/DE/pdfs/Handbuch_der_Rechtsfoermlichkeit.pdf?__blob=publicationFile*